Stefanie Bisping

Lesereise Estland

Stefanie Bisping

Lesereise Estland

Das Model und der Kapitän

Picus Verlag Wien

MIX
Papier aus verantwortungsvollen Quellen
FSC® C012536

Gedruckt nach der Richtlinie des
Österreichischen Umweltzeichens
„Druckerzeugnisse",
Christian Theiss GmbH, Nr. 869

umfassend überarbeitete Neuausgabe 2019

Grafische Gestaltung: Dorothea Löcker, Wien
Umschlagabbildung: © Stefanie Bisping
Druck und Verarbeitung:
Christian Theiss GmbH., St. Stefan im Lavanttal
ISBN 978-3-7117-1097-0

Informationen über das aktuelle Programm
des Picus Verlags und Veranstaltungen unter
www.picus.at

Inhalt

Nordische Natur

Stur und still will der Este sein. Doch nicht alle Vorurteile sind wahr

Der Este liebt die Natur. Deshalb lebt er in ihr. Entweder in den Wäldern, die mehr als die Hälfte seines Landes bedecken. Oder auf einer der windgepeitschten Inseln, von denen Estland ja immerhin gleich tausendfünfhundert besitzt. In seinem Häuschen in der Wildnis hat der Este selbstverständlich Handyempfang und Internetzugang. Denn sicher im eigenen Heim, fern von allzu viel analoger Nähe zum Mitmenschen vernetzt er sich gerne digital mit ihm. Zu seinem Häuschen gehört natürlich eine Sauna. Sie ist der einzige Ort, an dem er sein Smartphone aus der Hand legt. Nach dem rituellen Dampfschwitzbad stürzt er sich in die kalten Fluten eines Sees oder gleich ins Meer. Denn er lebt am liebsten am Wasser. Davon gibt es schließlich genug in seiner fluss- und seenreichen Heimat mit der fast unendlichen Küste.

Der Este hat keine Probleme damit, alleine zu sein. Er ist es sogar gewohnt. Schließlich teilen sich in seiner dünn besiedelten Heimat im Schnitt nur dreißig Menschen einen Quadratkilometer Land. Das lässt ihm genug Freiraum für seine Gedanken. Der Este schätzt naturnahe Vergnügungen: wandern, rudern, Vögel beobachten, eisfischen.

Winters fährt er gerne mit dem Auto über die zugefrorene Ostsee. Zwingen ihn widrige Umstände zum Leben in der Stadt, wird er nicht ruhen, bis er eine kleine Hütte in der Natur fürs Wochenende in seinen Besitz gebracht hat. Bis dahin und zwischendurch versöhnt er sich durch ein ausschweifendes Nachtleben mit seinem Schicksal. Für kurze Zeit kann er dann verdrängen, dass er eigentlich ein einsamer Wolf ist. In Momenten besonderer Ausgelassenheit kommt der schweigsame Este sogar mit Fremden ins Gespräch. Wollen Ausländer seine Witze verstehen, müssen sie allerdings ein bisschen Zeit mitbringen. Der estnische Humor erfordert geistige Beweglichkeit und detektivischen Spürsinn. Nur wenige Nationen verbergen Ironie hinter derartig unbewegten Mienen.

Die Überprüfung von Klischees ist bekanntlich nicht die geringste Freude des Reisens. Und manche Nation pflegt auch die Vorurteile, die sie selbst betreffen, mit Liebe und Sorgfalt. Schweigsam, zurückhaltend und sogar verschlossen finden sich die Esten nämlich vor allem selbst. Ihre Gemüter seien von langen, kalten Wintern geprägt, behaupten sie gerne. Ganz nordisch eben. Dann ziehen sie los, um Freunde zu treffen, nächtelang zu plaudern und Partys zu feiern, während sie nebenbei Facebook-Freunde und Instagram-Follower über den neuesten Stand der Dinge unterrichten. Sie lieben die Natur, doch jeder Dritte von ihnen ist in der Hauptstadt zu Hause. Wie Fremde alle diese rätselhaften Widersprüche auflösen sollen, kümmert sie natürlich überhaupt nicht. Ihr Selbstbild einer Nation mehr oder weniger verschrobener Eigenbrötler zeichnen sie nicht nur ganz ohne Eitelkeit, sondern auch fast ohne Koketterie.

Die Esten sind Einzelgänger. Es heißt, sie freuen sich, das Haus ihres Nachbarn zu sehen. Denn dann ist man schließlich nicht so allein auf der Welt. Doch erst wenn das Haus des Nachbarn sehr lange dunkel bleibt, gehen sie hinüber, um nach dem Rechten zu sehen. Schließlich sind sie zurückhaltend und würden sich niemals aufdrängen wollen. Zugleich sind sie aber gesellig und auch solidarisch genug, um an Tanz- und Sängerfesten teilzunehmen – zu Hunderttausenden sogar, wenn es darum geht, lästige Besatzer loszuwerden. Die beiden Pole des nordischen Charakters estnischer Ausprägung – Lebensfreude und Schwermut – erfordern seit jeher regelmäßige Ausbrüche in lautstarke Gesänge, mittels derer das innere Gleichgewicht des Esten wiederhergestellt wird. Damit die fünf Jahre, die zwischen diesen Eruptionen vergehen, die man auch als die großen Sängerfeste kennt, nicht gar so lang werden, feiert zwischendurch jedes Dorf ein eigenes kleines Sängerfest. Von den Dutzenden von Bierfesten, Hansetagen und allen anderen Festivitäten im Jahreslauf gar nicht zu reden. Für ein Volk von Einzelgängern organisieren die Esten geradezu absurd viele gemeinschaftliche Lustbarkeiten.

Traditionsbewusst sind die fortschrittlichen Esten natürlich auch. Ihre Volkslieder, die Komponisten vom russischen Peter Iljitsch Tschaikowsky bis zum eigenen Erkki-Sven Tüür inspiriert haben, ihre Sprache, ihre Literatur – das alles ist ihnen überaus wichtig. Auf der Insel Kihnu werden alte Bräuche besonders liebevoll gepflegt: Dort tragen die Frauen, die natürlich wie überall in Estland auffallend attraktiv sind, bis heute regelmäßig die gestreiften Röcke ihrer traditionellen Tracht. Die Liebe zur eigenen Sprache bedeutet indessen nicht, dass nicht fast jeder Este auch fließend Englisch (und ab einem gewissen Alter auch Russisch) spricht. Und die Neigung zu den Traditionen schließt auch nicht aus, dass man grundsätzlich nach vorne blickt. Konventionen werden von jedem Einzelnen auf individuelle Gültigkeit geprüft. Welche man pflegt und welche man ablegt, das muss hier jeder mit sich selbst ausmachen. Die Esten sind stolz auf ihre Fähigkeit, sich unterschiedlichsten Lebensumständen anzupassen, ohne dabei die eigene Identität aufzugeben. Das gilt für die Nation genauso wie für das Individuum. Sie sind arbeitsam, zukunftsorientiert und tendenziell bildungsversessen. Kein Zweifel: Der Este an sich ist ein ziemlich komplexer Charakter.

Nicht nur Kartoffeln

Auch kulinarisch hat Estland eine Entwicklung im Zeitraffer durchgemacht

Der Vorspeise aus aromatischem Sellerie mit karamellisierter Butter folgt Filet vom Elch von der Insel Saaremaa mit Forellenrogen, Meerrettich und geräuchertem Eigelb. Krosses Moos sorgt für einen Hauch von Waldaroma, lilafarbene und gelbe Blüten setzen optisch Akzente. Geräucherte Forelle mit Sauerrahm und Lamm mit Kohlrabi, Sommergemüse und Zwiebeljus setzen das nordische Menü fort, das mit einer Crème Brûlée mit Wacholder, Brombeeren und einem Gel von Gin und Tonic seinen krönenden Abschluss findet. Das Degustationsmenü im Restaurant »Kaks Kokka« in Tallinn präsentiert die Erzeugnisse Estlands als eine Folge optischer Überraschungen und wahrer Geschmacksexplosionen.

Die »zwei Köche« – denn das bedeutet der Name »Kaks Kokka« – Ranno Pankson und Martin Meikase aus Saaremaa stehen hier und im benachbarten Restaurant »Õ« am Herd und betören ihre Gäste mit Kochkunst, die Pankson mit einigem Understatement als »sehr, sehr einfach« bezeichnet. Die beiden Küchenchefs, 1982 und 1983 geboren, kennen sich seit der Zeit ihrer Ausbildung zu Beginn des neuen Jahrtausends. Immer mal wieder kochten sie danach in denselben Häusern. Wichtiger noch: Sie teilen außer dem Beruf und ihren Wurzeln auf Saaremaa auch dieselbe kulinarische Philosophie der Regionalität. Als Pankson in seiner letzten Festanstellung gekündigt wurde, »weil er am schnellsten etwas Neues finden würde«, entstand die Idee, sich selbständig zu machen. »Die Kündigung erwies sich als Anstoß. Sie brachte mich in Bewegung und setzte Ideen frei.« 2013 übernahmen er und Meikase das Restaurant »Õ«. Seit dem Jahr 2015 zaubern sie im entspannten, schnörkellosen Ambiente des Restaurants im restaurierten Rothermanviertel innovative Interpretationen estnischer Gerichte aus regionalen Zutaten.

Dass diese Ingredienzien in Estland durch kurze Sommer und strenge Winter definiert und limitiert sind, prägt nicht nur die vermeintlich einfache Küche, es hat auch den Sinn der beiden Küchenchefs für die Möglichkeiten der Natur geschärft. »Man weiß nie, wann es bei uns schneit«, erklärt Ranno Pankson das estnische Klima. Umso wichtiger sei es unter solchen Bedingungen, sich in der Natur zurechtzufinden, den Geschmack von Kräutern, Beeren und Moos zu kennen, mit diesen Aromen und Texturen arbeiten zu können und auch mit den alten Techniken des Räucherns und Pökelns vertraut zu sein. Womit die Einfachheit nicht nur an Komplexität gewinnt, sondern auch die Prägung der beiden Köche durch ihre Heimat Saaremaa illustriert. Das »Õ« ist heute ihre Spielwiese und Experimentierfläche für nordische Küche. Das »Kaks Kokka« ist eher dem Prinzip des Fine Dining verpflichtet. Doch die nahe Nachbarschaft erlaubt Anleihen und Grenzgänge.

»Was wir machen, ist traditionell, oft sogar rustikal, hat aber gleichzeitig etwas sehr Neues und sehr Nordisches«, erklärt Pankson. Um größtmögliche Frische und beste Qualität zu bekommen, bezieht das Duo seine Produkte nur von kleinen landwirtschaftlichen Betrieben. Andere Dinge könne man nicht kaufen, so Pankson: »Wenn ich Moos, Flechten, Blüten oder ganz junge, zarte Tannensprossen brauche, gehe ich in den Wald.«

Mit solchen Zutaten überraschen die zwei Köche auch ihre Landsleute, vor allem jene, die nicht auf Saaremaa aufgewachsen sind. Die Rückbesinnung auf die Früchte von Wald und Wasser entspricht tatsächlich kaum den kulinarischen Gewohnheiten der Hauptstadtbewohner. Die meisten von ihnen würden die traditionelle Küche ihrer Heimat vor allem als deftig beschreiben. Und das nicht zu Unrecht.

Die Vorliebe der Esten für üppige Schweinebraten, stets begleitet von Kartoffeln, für kräftige Suppen und ähnliche nahrhafte Gerichte sollen der deutsch-baltischen Vergangenheit geschuldet sein. Auch die Sowjetzeit legte sich den Esten in den Magen. Borschtsch, eine frische Suppe aus Roter Bete, Ei, Buttermilch und Kartoffeln, wird ebenso in Ehren gehalten wie Soljanka oder russische Maultaschen. Zum Fisch gehört für die Esten – und so halten es auch die beiden jungen Küchenchefs im »Kaks Kokka« – unbedingt Sauerrahm. Aber auch ein frisches Pesto macht sich gut dazu, wie es heute mancher Koch empfiehlt. Im Sommer passen auch Tomaten und Rauke, außerdem neue Kartoffeln, frisch aus dem Acker. Hering, ein weiterer Klassiker estnischer Kochkunst, wird nicht nur eingelegt, sondern auch am Spieß gegrillt.

In Tallinn rennen nicht nur Ranno Pankson und Martin Meikase mit ihren innovativen Interpretationen traditioneller Rezepte offene Türen ein. Die Stadt war durch ihren Hafen als Stützpunkt und Aushängeschild für Moskau immer schon offen für Neues.

Nach der Wende gab es einen regelrechten Restaurant-Boom, die Menschen wollten auch kulinarisch Neuland entdecken. Italienische, mexikanische und chinesische Restaurants schossen aus dem Boden wie Pilze nach dem Regen. Es wurde experimentiert, Fusionsküche galt einige Jahre lang als Gipfel der Genüsse. Die bisweilen wahllose Lust am Neuen erklärt sich aus der kulinarischen Isolation zuvor. Imre Kose, der als Estlands erster Fernsehkoch bekannt wurde und heute ein Delikatessen-Unternehmen nebst dem Café »Gourmet Club« besitzt, erinnert sich gut an diese Zeit: »Am Anfang haben sich alle blind auf alles Neue gestürzt. Spargel und Erdbeeren im Winter waren der Inbegriff von Luxus. Heute denkt man darüber nach, wie das dann wohl schmeckt. Die Menschen haben ein Bewusstsein für Qualität und Frische entwickelt.« Und Zurückhaltung gelernt. »Ich sage immer, dass man neue Zutaten nie verwendet, nur weil man sie bekommen kann. Der Geschmack des Produkts soll nicht verdeckt, sondern er muss zur Geltung gebracht werden.«

Koses Liebe zu den einfachen Freuden der estnischen Küche stammt wie die der Kollegen Pankson und Meikase aus den Sommern seiner Kindheit. Die verbrachte er ebenfalls auf der Insel Saaremaa, wo Verwandte lebten. Hier gab es Wild und Fisch, Beeren und Pilze ohne Anstehen im Geschäft. Seine Karriere – er war der wohl erste estnische Koch, der die Landesküche neu und zeitgemäß interpretierte – gründet sich außer auf Kreativität auch auf das Glück, zumeist zur rechten Zeit am rechten Ort gewesen zu sein. Noch vor der Wende verließ er als einer der ersten Köche das Sowjetreich, um in Finnland zu arbeiten. Offen für Neues war er, aber er vergaß nichts von dem, was zu Hause gut war.

Dunkles, würziges Brot zum Beispiel gehört zu den Dingen, die Esten sicherheitshalber lieber mitnehmen, wenn sie den Koffer für eine Auslandsreise packen. Dabei war auch diese kulinarische Tradition durch die Zwänge der zentral gesteuerten Planwirtschaft fast verschüttet worden. Nach der Wende gab es keine kleinen Bäckereien, alles Brot kam zur Sowjetzeit aus großen Fabriken – zwei verschiedene Sorten, fertig verpackt, beide mäßig schmackhaft.

»Ich wusste nicht viel über Brot, aber ich wollte alles lernen«, erklärt Kose. Er zog Berater aus Frankreich und Deutschland hinzu und ließ sich von Geschmackserlebnissen auf Reisen inspirieren. Als er sich einschlägige Kenntnisse und Fertigkeiten angeeignet hatte, zog er einen für ihn typischen Schluss: »Ich mache nun alles ganz anders.«

Das klassische dunkle Roggenbrot der Esten ergänzte er, zunächst im eigenen Restaurant, durch Rosinen und hiesige Haselnüsse und gab ihm die Form einer französischen Baguette. Weil auch Käsekuchen, Croissants und Desserts ohne künstliche Zusätze aus Koses Herstellung erfolgreich waren, ging bald »Vertigo Gourmet« in Serie – Delikatessen aus tagesfrischer Herstellung, die eine hochwertige, aber bezahlbare Alternative zur Massenware aus der Fabrik bieten sollen. Auch Koses Caesar-Salad-Dressing und hausgemachte Schokoladen sind in den Lebensmittelabteilungen von Tallinns Konsumparadiesen Kaubamaja, Stockmann und Rocca al Mare, aber auch in zahlreichen Geschäften und Cafés im ganzen Land zu kaufen.

Längst schätzen es nicht nur die Hauptstadtbewohner, sich etwa mit einem Gourmetdessert aus dem Supermarkt für einen anstrengenden Arbeitstag zu belohnen – diese Art der Veredelung des Alltags hat Kose seinen Landsleuten gewissermaßen als Dreingabe schmackhaft gemacht.

Heute wird in vielen Küchen der Hauptstadt hervorragend gekocht. Im Restaurant »Stenhus« des Hotels »Schlössle« lässt sich ebenso vorzüglich tafeln wie in denen der luxuriösen Herbergen »St. Petersbourg« und »Telegraph«, aber auch in vielen kleinen Lokalen und Cafés in der Hauptstadt und auf dem Land. Auch das gehört heute zu den Freuden des Aufenthalts in Estland. Die größte Leistung von Tallinns kreativen Küchenchefs bleibt, die Lieblingsrezepte der Esten ins dritte Jahrtausend befördert und ihren Landsleuten die Lust an der eigenen Landesküche zurückgegeben zu haben.

Idyll der Inseln

Vom Kuren und vom Krieg: Die Badeorte und Landschaften der Westküste und ihrer Inseln vereinen Natur, Geschichte und Wohlfühl-Tourismus

Das kleine grüne Haus liegt keine hundert Meter vom Spülsaum entfernt. Möwen schreien, das Meer liegt glatt und blau. Die Idylle sieht aus wie ein Bild aus einem Buch von Astrid Lindgren. Das ist kein bloßer Zufall. In dem Holzhäuschen in Haapsalu wuchs Ilon Wikland auf, die Illustratorin der berühmten Kinderbücher. Und so fragt man sich, ob Bullerbü womöglich in Wahrheit in Estland liegt. 1944 flüchtete Wikland vierzehnjährig nach Schweden. Der kleinste der drei baltischen Staaten wurde wie Lettland und Litauen von der Sowjetunion verschlungen, und bald konnte sich kaum jemand mehr daran erinnern, dass Estland mental und geografisch Skandinavien viel näher war als der Supermacht im Osten.

Oder daran, dass Haapsalu einstmals ein traditionsreicher Kurort war, so wie Pärnu im Süden Estlands und Kuressaare auf Saaremaa: mit einer Promenade, einem hölzernen, reich verzierten Kurhaus, mit einem Pavillon für Konzerte und mit Schlammbädern, die sich günstig auf rheumatische Beschwerden auswirken. Damit Zar Nikolai II. leichter anreisen konnte, wurde Haapsalu ans Eisenbahnnetz angeschlossen und mit Tallinn verbunden. Lange sollte er sich allerdings nicht an der neu geschaffenen Infrastruktur erfreuen. Als der hübsche Bahnhof 1907 fertiggestellt war, wurden die Zeiten für royale Extravaganzen bereits immer trüber. Heute ist der Bahnhof nur mehr ein Eisenbahnmuseum.

Am Meeresufer sieht man noch die Stufen mit Treppengeländer, die ins Meer führen: Diese nahmen früher die Damen aus St. Petersburg und Tallinn, um trockenen Schuhs vom Boot an Land zu gelangen. Das bleibt heute eher die Ausnahme, doch ansonsten pflegt Haapsalu liebevoll sein historisches Erbe und füllt es mit neuem Leben. In den Jahren nach der Wende eröffneten überall neue Hotels und Restaurants, die nichts mehr gemein hatten mit den eher freudlosen Kurheimen, die während der Sowjetzeit als Investition in die Gesundheit der Arbeiterschaft entlang der Küste errichtet worden waren.

Dank Schlammbädern und frischer Seeluft zählt Haapsalu wieder zu den beliebtesten Kurorten des Landes. An der Stelle, an der Kurgast Peter Iljitsch Tschaikowsky 1867 zwischen seinen Schlammbädern aufs Meer blickte, den Kopf voller estnischer Volkslieder, steht schon seit 1940 eine Bank zu seiner Erinnerung. Als wir uns ihr nähern, erklingt seine Sinfonie Nummer sechs. Teile der bronzenen Noten auf der Rückenlehne wurden immer mal wieder abmontiert und eingeschmolzen, für den Gegenwert einiger Flaschen Bier. Auch Estland, der

Aufsteiger unter den baltischen Staaten, benötigte Zeit für den Umbruch. Das Tempo der Menschen war dabei unterschiedlich. Doch die Richtung ist unzweifelhaft für alle: immer weiter.

Es gilt auch für Haapsalu. Die Buchten rund um die Stadt wurden freigeschaufelt, die Ufer eingegrenzt; eine Promenade von vierzehn Kilometern Länge führt wieder am Meer entlang, um an die alte Herrlichkeit der Kurortzeiten anzuknüpfen. Wo man sich auch aufhält in Haapsalu, das Wasser bleibt fast immer in Sichtweite. Die Altstadt mit der Bischofsburg aus dem 13. Jahrhundert ragt auf einer schmalen Landzunge weit ins Meer hinaus. Überall öffnet sich der Blick auf Schilfgras, Wasservögel – und immer wieder auf die Inseln in der Ferne. Estland besitzt ausgesprochen viele davon: Tausendfünfhundert sollen es sein. Nur wenige sind bewohnt. Ihre Namen sind wie archaischer Gesang: Vormsi. Hiiumaa. Saaremaa. Muhu.

Die Schlange zur Fähre nach Muhu ist lang. Kaum jemand reserviert, weil das teurer ist, und so zieht sich die Reihe der Wartenden an diesem kalten Frühlingstag um mehrere Ecken bis zum Hafen von Virtsu. Eine halbe Stunde dauert die Überfahrt. Lange genug, um sich vorzustellen, wie es hier aussehen wird, wenn irgendwann einmal eine knapp fünf Kilometer lange Brücke das Festland mit der kleinen Insel verbindet und Reisenden die Wartezeit am Fähranleger erspart – aber eben auch die Kaffeestunde an Deck. Der Bau der Brücke nach Muhu ist schon seit Jahren im Gespräch, und ein bisschen hofft man, dass alles so bleiben möge. Denn Muhu wirkt mit seiner wilden Natur und der weltenfernen Abgeschiedenheit wie aus der Zeit gefallen. Durch Autokonvois verlöre das Inselchen gewiss einen Teil seines Zaubers. Schließlich hat es immer einen ganz eigenen Reiz, mit einem Schiff das Ziel zu erreichen, derweil ein scharfer Wind die Frisur zerzaust. Bis heute führt jedenfalls der einzige Weg von der Westküste auf die größte estnische Insel, Saaremaa, – abgesehen vom Luftweg – per Fähre nach Muhu und von dort über einen Damm nach Saaremaa.

Dort gibt es eine Windmühle, das Dorf Koguva, das vor allem aus Bauernhöfen des 18. und 19. Jahrhunderts besteht, und ein altes Gutshaus an der Südküste, das heute ein kleines und besonders schönes Hotel beherbergt: »Pädaste Mõis«, oder international: »Pädaste Manor«. In prachtvoller Parklandschaft liegt das Herrenhaus am Meer. Wildschweine, Elche, Kraniche und sogar Seeadler leben in der nahezu unberührten Küstenlandschaft. Dass Pädaste über einen Hubschrauberlandeplatz für besonders eilige Gäste verfügt, über vierzehn Zimmer im Haupt- und neun im Kutschenhaus, über ein Spa und das exquisite Restaurant »Alexander«, erfährt man nach und nach, während man das Hauptgebäude erkundet. Wir finden in Zimmer 15 den über eine Leiter erreichbaren »Poetry Loft«, in dem man sich – am Abend dank eines Oberlichts unterm Sternenhimmel – aus einer Auswahl Gedichtbände bedienen und in einen bequemen Sessel unter einem Dachfenster sinken kann. Wir wünschen sofort, das Wetter möge eintrüben, damit wir es uns hier für eine ganze Weile bequem machen können. Und dass wir kurz Einblick aufs Konto zu Hause nehmen können, um zu prüfen, ob unerwartete finanzielle Segnungen – vielleicht ein Lottogewinn? – eine solche Extravaganz nicht sogar zwingend geboten erscheinen lassen.

Auf Pädaste erzählt jeder Stein und jeder Balken eine Geschichte aus fernster Vergangenheit, und Hotelier Martin Breuer pflegt die Historie so liebevoll wie das Haus, das er wenige Jahre nach der Wende übernahm. Die ältesten Kellermauern Pädastes datieren aus dem 14. Jahrhundert. 1566 überschrieb Fredrik II. von Dänemark den Gutshof der deutsch-baltischen Familie von Knorr für ihre treuen Dienste. Damals war der Hof schon alt. Vermutlich wurde er bereits recht bald angelegt, nachdem sich mit Kreuz und Schwertern bewaffnete Ritter mit den heidnischen Insulanern auf Muhu ein letztes Gefecht lieferten. Anführer der Kreuzritter war kein Geringerer als Albert von Buxhoeveden, zuvor Domherr in Bremen, der 1201 Riga gründete, erster Bischof der jungen Stadt wurde und von dort nach und nach die letzten heidnischen Regionen des heutigen Estlands und Lettlands eroberte. Mit den Bewohnern Litauens war ja überhaupt nicht zu reden; auch mit Waffengewalt war denen kaum beizukommen. Im Norden bewahrten indessen nur die Inseln Saaremaa und Muhu ihre Unabhängigkeit und boten mit ihren angriffslustigen heidnischen Horden beständig Anlass zur Sorge. 1227 schließlich kam es zur entscheidenden Schlacht auf Muhu. Hernach waren die Verhältnisse für lange Zeit geklärt: Die Familie von Buxhoeveden herrschte fortan auf der Insel. Da die Zahl der baltischen Adelsgeschlechter übersichtlich war, gelangte der Gutshof durch Ehen und Vererbung in den Besitz verschiedener Familien, die meist auf Umwegen miteinander verwandt waren, bevor er wieder bei Vertretern der Sippe derer von Buxhoevedens landete.

Sein heutiges Gesicht erhielt Pädaste im 19. Jahrhundert, als Baron Axel von Buxhoeveden, Jagdmeister und Kammerherr von Zar Nikolaus II. und letzter adeliger Besitzer des Anwesens, hier lebte und wirkte. Der Baron besaß außer besten Verbindungen zum Zarenhof auch Geld: Sein Schwiegervater war der Gründer der Firma Siemens. Baronin Charlotte, geborene von Siemens, verwandelte den Sommersitz Pädaste – winters residierte man in St. Petersburg – in einen kleinen Musenhof, den Künstler und Komponisten mit ihrer Anwesenheit schmückten. Ihr Mann brachte von seinen Reisen seltene Bäume und Pflanzen nach Pädaste, von denen einige noch heute im Park zu finden sind.

Die Idylle nahm ein grausiges Ende. Im revolutionsschweren Februar 1919 wurde von Buxhoeveden, der mittlerweile als Landmarschall in Kuressaare die Geschicke von Saaremaa und Umgebung lenkte, auf der Flucht von Rebellen ermordet. Zusammen mit seinem Bruder war er an jenem eisigen Wintertag aufgebrochen, um über die zugefrorene See Lettland zu erreichen. Sie kamen zügig voran, bis sie am Inselchen Viire in einen Hinterhalt der Aufständischen gerieten. Axel und sein Bruder wurden zunächst zum Hafen von Kuivastu gebracht. Dass sie nicht an Ort und Stelle erschlagen wurden, war indessen kein Grund, auf Milde zu hoffen. Denn im Hafen trieben die Rebellen die Brüder mitsamt ihren Pferden unter das Eis. Das Herrenhaus von Kuivastu, das ebenfalls im Besitz der Familie war, brannten sie nieder. Allerdings nicht, ohne zuvor den Bierkeller entdeckt zu haben, was anscheinend Pädaste ein ähnliches Schicksal ersparte: Die Rebellen waren in der Folge erst mal nicht ansprechbar. Der Baronin war schon einige Tage zuvor die Flucht über Finnland nach Brandenburg gelungen; die gemeinsame Tochter wurde in Tallinn von Revolutionären interniert und erst später von der estnischen Armee befreit.

Pädaste wurde nie zerstört, musste sich aber während der Sowjetzeit mit einem Dasein als Vertriebszentrum für Fisch versöhnen, bevor es später zum Altenheim umfunktioniert wurde. Als 1980 ein Dach einbrach, wurden die Senioren umquartiert. Das Haus stand leer und zerfiel, bis es 1996 restauriert wurde und sein neues Leben als Hotel begann. Mit ihm kehrte auch der alte Glanz zurück. Immerhin speiste hier schon die dänische Königin Margarethe, berichtet ein Angestellter mit zurückhaltendem Stolz. 2001 muss das gewesen sein, überlegt er: Als die Monarchin auf Saaremaa den enorm populären estnischen Präsidenten Lennart Meri traf, der 2006 in Tallinn starb.

Schilfgras wuchert um den Damm, der Muhu mit Saaremaa verbindet. Links und rechts sind Schwäne aufs blaue Meer getupft wie große Schneeflocken. Die Fahrt über die Insel ist eine Reise rückwärts – in die Vergangenheit. Über Kilometer ist kein Auto zu sehen. Und kein Haus. Nur Moor, Wacholder, Birken- und Kiefernwälder. Und ein paar Windmühlen, meist ohne Flügel. An diesem Aprilmorgen regnet es gleichmäßig auf die grauen Schneereste am Straßenrand. Dann wird der Regen zu Schnee, und wir biegen rechts ab zu einem kreisrunden See. Ein Meteorit schlug ihn vor langer Zeit in die Insel. Es lohnt sich, tief ins Wasser zu schauen. Bewegt es sich im Uhrzeigersinn, ist seine Aura positiv, bewegt es sich aber gegen die Uhr, so ist sie ungünstig. Beides kann auch durch den Betrachter beeinflusst sein. Und dann versichern alle Umstehenden eilig, dass heute natürlich kein Mensch mehr an solchen Unsinn glaube.

Schließlich kommen wir zum Soldatenfriedhof, der aufgeteilt ist in eine deutsche und eine russische Hälfte. Esten liegen auf beiden Seiten: zerrieben zwischen den Fronten. Saaremaa war im Zweiten Weltkrieg schwer umkämpft. Noch immer findet man außer Seezeichen, Netzen und Holzplanken auch leere Minen im Treibgut am Strand.

Kuressaare, mit sechzehntausend Einwohnern größter Ort der Insel und einstmals als Arensburg in deutschen Karten verzeichnet, lockt wochenends Diplomaten aus Tallinn, sommers fast das ganze Land – und heute auch viele Besucher aus dem restlichen Europa. Das war nicht immer so. Zur Sowjetzeit lag die Insel im Sperrgebiet; unberührt, vergessen fast. Spritztouren mit dem Auto übers winterliche Eis, ein beliebter Wintersport der Inselbevölkerung, waren nicht zugelassen; ein Verbot, dessen Einhaltung der Umstand erleichterte, dass kaum jemand ein Auto besaß. Dieser Dämmerschlaf ist heute Teil ihres Kapitals. Der Tourismus hat Saaremaa neu erfunden: eine Sommeridylle wie aus alter Zeit, mit unverfälschter Natur und bunten Holzvillen. Auch des Heilschlamms hat man sich erinnert – sowie einer Reihe weiterer, maritim geprägter Anwendungen. Zwischen der alten Bischofsburg und dem kleinen Jachthafen liegen die neuen Wellnesshotels, die den ganzen Sommer über ausgebucht sind.

Sie sind so bunt und zweckmäßig ausgestattet, wie es durch fünfzig Jahre Eintönigkeit beförderter Farbhunger sowie estnische Liebe zur Moderne erfordern. Auch sonst sind sozialistische Errungenschaften von einst und Fortschritt von heute im estnischen Kurwesen eine ungewöhnliche Freundschaft eingegangen. Die Spa-Hotels setzen einen pragmatisch medizinischen Schwerpunkt, sind hier meist eher Kurhotels denn luxuriöse Wellnessoasen. Das Hotel »Rüütli«, das heute zu den besten Kurhotels im Land gehört, verfügt außer über einen Kinderhort auch über eine Apotheke sowie Krankenschwestern, Kur- und Fachärzte im Haus. Eine fünfzehnminütige ärztliche Konsultation wird mit fünfzehn Euro berechnet, eine einstündige Massage mit fünfunddreißig Euro. Angesichts solcher Preise ist kaum verwunderlich, dass der Strom internationaler Gäste nicht abreißt. Zumal die Küchenchefs des Hauses sich nicht nur auf Schonkost verstehen.

Zufrieden sitzen die Gäste morgens im Restaurant und blicken aus einem Panoramafenster auf die blaue Bucht im Schatten der Bischofsburg. Eine Dame ist in Bademantel und Pantoffeln zum Frühstück erschienen. Der Hoteldirektor lächelt wohlwollend: Das darf so sein, die Gäste sollen sich wohlfühlen und nicht durch Kleiderwechsel zwischen den Anwendungen in Stress geraten. Dann geht es gleich ins Schlammbad.

Kaum etwas in Kuressaare erinnert noch an die Vergangenheit Estlands als Sowjetrepublik wider Willen. Die Restaurierung einer Brücke aus dem 19. Jahrhundert wurde durch ständige Bombenfunde verzögert. Ob Deutsche oder Russen die Brücke verminten, will niemand mehr wissen.

Im Museum der Bischofsburg wird die Geschichte der Insel bis zum Zweiten Weltkrieg erzählt. Dort ist unter anderem zu erfahren, dass 1913 von den damals fünftausendzweihundertsiebenundsechzig Einwohnern Kuressaares dreitausendvierhunderteinundfünfzig Esten waren, tausendvierhundertneunundvierzig Deutsche, fünfhundertneunundzwanzig Russen und hundertachtunddreißig Angehörige anderer Nationen. Seit 1881 hatte man in Kuressaare die unterschiedlichen Nationalitäten erfasst. Die Statistik belegt nicht nur, dass sich die Zusammensetzung der Gesellschaft nach dem Krieg vollständig geändert hatte. Sie lässt auch vermuten, dass Deutsche nicht nur für die Katastrophe des Krieges und die ihm folgenden demografischen Entwicklungen verantwortlich waren, sondern womöglich auch für eine derartig detailverliebte Volkszählung.

Jenseits des Inselhauptstädtchens reicht das Leben ohnehin viel weiter zurück in die Vergangenheit. In Tagaranna ist um jedes der kleinen Holzhäuser eine Steinmauer gezogen. Auch der Kartoffelacker sieht aus, als wüchsen hier nur Steine aus dem Boden. Das ist auch fast so; Saaremaas sanfte, sandige Buchten liegen an der Ostküste. Hier ist alles Fels. Hinter dem Dorf wird die Schotterpiste zum Feldweg, der durch dichten Kiefernwald bis zum Meer führt.

Dort liegt der Hafen vor Panga Pank, dem jenseitigen Ende der Bucht. Bräute werfen dort nach der Trauung ihren Mädchennamen ab, indem sie ihn auf einem Zettel die Steilküste hinabflattern lassen, die sich hier über zweieinhalb Kilometer erstreckt.

Fährverbindungen nach Lettland und Schweden wurden eröffnet und wieder eingestellt; dass man überhaupt in solchen Dimensionen dachte, entspricht estnischem Fortschrittswillen. »Wir Esten arbeiten fünfundzwanzig Stunden pro Tag –

ohne Mittagspause«, erläutert Toivo Ast mit zurückhaltender Ironie das nationale Arbeitsethos.

Toivo wurde auf Saaremaa geboren, als Estland noch Sowjetrepublik war. Heute arbeitet er für eine Hotelkette. Einen großen Teil seines Berufslebens hatte er zuvor damit verbracht, für die Produktionsgenossenschaften der Insel landwirtschaftliche Ersatzteile in Moskau zu ergattern. Oder vielmehr zu beantragen, zu erbitten und zu erkämpfen. Wenn er heute von den Wodka-Gelagen erzählt, die dafür notwendig waren, sind seine Geschichten amüsant: Wie unter zwei Flaschen Wodka an einen Vertragsabschluss gar nicht zu denken war; wie die russischen Verhandlungspartner traurig schauten und fragten, ob er sie denn nicht liebe, wenn er das Tempo zu drosseln suchte; und wie er also nicht an die Leber dachte oder an den zu erwartenden Kopfschmerz, sondern an den Vertrag – und mithielt. Herzliche Menschen seien die Russen, erklärt er. Aber ganz anders als die Esten.

Bitterkeit über die Vergangenheit ist ihm fremd. Bringt der Tag doch mal weniger als fünfundzwanzig Stunden Arbeit, verbringt Toivo sie mit seiner Familie auf seinem Grundstück am Meer: in Hindu. Dieser Ort liegt auf Sõrve, einer dreißig Kilometer langen und zehn Kilometer breiten Landzunge Saaremaas, die inmitten schwer schiffbarer See in Richtung Lettland ragt. Einmal im Jahr wird auf Sõrve Strandgut versteigert, das meist zu groß ist, um von Strandwanderern aufgelesen zu werden: Schienen, riesige Seezeichen – immer mal wieder ist auch eine alte Mine aus dem Zweiten Weltkrieg dabei. Ungezählte Soldaten starben hier im Wasser und an Land.

Hindu wurde 1945 von den Russen zerstört. Nichts erinnert heute daran, dass der Wald links und rechts der Landstraße einstmals ein Dorf war. Nur zwei Ortsschilder, die Toivo zusammen mit Verwandten und einstigen Dorfbewohnern aufgestellt hat. Nach der Unabhängigkeit Estlands erhielten die ursprünglichen Besitzer oder deren Nachkommen ihr Land zurück.

Kleine Wimpel zeigen, wo einst die Häuser standen. Zwei Steinhaufen bezeichnen Stellen, an denen sich die beiden Windmühlen des Dorfes befanden. Toivo hat auf dem Grundstück, das seiner Mutter gehörte, eine Laube gebaut: die »Villa Hortensie«. Aus einem Bombenkrater aus dem Krieg wachsen Birken und Nussbäume. In der Nähe hat er ein privates Friedensdenkmal errichtet: aus deutschen und russischen Soldatenhelmen, die er im Wald gefunden hat. Einmal hielt ein Mercedes aus Deutschland an der Straße. Ein Mann suchte nach Hinweisen auf seinen im Krieg verschollenen Vater. Dessen letzter bekannter Aufenthalt war in Hindu: Standort 314. Der befand sich im Haus von Toivos Schwiegervater. Das stellte sich anderntags beim Kaffee heraus. Sie tranken ihn dort, wo in jenen Tagen gekämpft wurde.

Ganz gemütlich auf der Überholspur

Tallinn, die junge Hauptstadt im alten Gewand, verbirgt hinter ihrer mittelalterlichen Fassade ein ehrgeiziges Herz

Erste Szene: Der Rathausplatz

Am Sonntagmorgen sitzt ganz Tallinn auf seiner Bühne: dem blitzblanken Rathausplatz. Während der Woche eilt hier jeder, der in der Stadt zu tun hat, irgendwann vorbei. Auch die estnische Prominenz, vom Botschafter bis zum Minister. In der kleinen Kapitale ist eben alles übersichtlich, und wenn nicht gerade die Passagiere eines Kreuzfahrtschiffs die schmalen Gassen und Stiegen des historischen Zentrums fluten, trifft man an jeder Ecke auf Regierungsmitglieder oder mehr oder weniger namhafte Politiker und Kulturschaffende.

Am Wochenende taucht hier jeder irgendwann auf, der wissen möchte, was los ist, der Freunde und Verwandte trifft, der im Freien und im Geschehen sein möchte. Doch niemand eilt geschäftig umher. Die Menschen nehmen in Cafés Platz. Das tun sie unter freiem Himmel, wann immer die Temperaturen über dem Gefrierpunkt liegen. Als Folge der schweren Winter werden die kurzen, magischen Sommer intensiv genutzt. Und zwar draußen. Versteckt man sich in der dunklen Jahreszeit vor Kälte und Schnee gerne in Restaurants mit heimeligen Gewölbekellern, strebt von April bis Oktober alles ins Freie, wann immer keine Eisschollen im Weg liegen.

Die Menschen sehen so adrett aus wie die Kulisse aus bunt restaurierten Fassaden ringsum. Nur ein paar Briten, die am Vorabend Junggesellenabschiede gefeiert haben, blinzeln ein bisschen angeschlagen in die Sonne. Die Esten haben ebenfalls eine lange Nacht hinter sich, lassen sich aber nichts anmerken. Jahrhunderte wechselnder Fremdherrschaft haben auch das bewirkt: Was das Leben auch bereithalten mag, man nimmt es mit allem auf. Und beweist meist den längeren Atem.

Schwere Wehrtürme rahmen das Zentrum. Tallinn besitzt eine der am besten erhaltenen mittelalterlichen Innenstädte Europas. Und eine der schönsten. Alles strahlt in frischen Farben, die Ära des Sozialismus scheint Äonen entfernt. Über die Straßen brausen schicke Limousinen. Für Luxusgüter nimmt man selbstverständlich westliche Preise. Doch die hübsch restaurierte Altstadt, in der keine Hochhäuser gebaut werden dürfen, umschlingt das wahre Leben. Und das spielt für viele Hauptstadtbewohner nach wie vor in Plattenbauten – auch wenn es nach der Wende einige schnell zu viel Geld brachten. Der Neustart sorgte überall für Blitzkarrieren: Im ersten Parlament des wieder unabhängigen Estlands war mancher Minister gerade mal Anfang dreißig.

Unter den wechselnden Herrschaftsansprüchen von Dänen, Deutschen, Schweden und Russen mussten sich die Esten stets schnell umstellen. Zugleich war es ihnen umso wichtiger, die eigene Identität zu schützen und zu bewahren – ein Balanceakt, der womöglich die schnelle, scheinbar reibungslose Verwandlung Estlands in eine wirtschaftlich erfolgreiche und kulturell produktive junge Demokratie erklärt. Und wie schon manches Mal zuvor wurden nach der neuerlichen Unabhängigkeit rasch überall die Straßenschilder ausgetauscht: Die Lenin-Allee wurde zur Estland-Allee. Das 1986 erbaute Hauptquartier der Kommunistischen Partei, heute Sitz des Außenministeriums, liegt am Island-Platz: ein dankbarer Gruß an den nordischen Inselstaat, der die junge estnische Republik 1991 als Erster anerkannte.

Seither hat Tallinn sich gemütlich eingerichtet auf der baltischen Überholspur. Hier scheint einfach alles zu funktionieren, und das schneller und besser als anderswo. Festungsartige mittelalterliche Bausubstanz und frischer Innovationsgeist schließen einander in Tallinn nicht aus. Im Gegenteil: Hinter den alten Mauern schlägt ein ehrgeiziges Herz. Gleich hinter der Stadtmauer blühen im einstigen Fischer-Viertel Kalamaja Start-ups und Hipster-Cafés. In Tallinn wurde Skype entwickelt. Das Grundrecht auf kostenfreien Internetzugang ist in der Verfassung festgelegt. Die Regierung arbeitet seit dem Jahr 2000 ohne Papier, das Parlament stimmt per Mausklick ab. Seine Debatten verfolgen die Bürger live im Netz. Knapp achtzig Prozent der 1,3 Millionen Esten nutzen das Netz in fast allen Lebenslagen: wenn sie ein Rezept benötigen, ein Busticket kaufen, eine Firma gründen oder ihre Steuererklärung abgeben.

Zweite Szene: Der Stadtrand

Im späteren Verlauf des Sonntags sammelt sich Tallinn im Kumu, der Nationalgalerie, die estnische Bilder und Skulpturen vom 18. Jahrhundert bis zur Gegenwart ausstellt. Der finnische Architekt Pekka Vapaavuori hat den Klotz aus Kalkstein und Glas entworfen. Wie der Bug eines Schiffes thront das Museum im Stadtteil Kadriorg auf einem Kreidefelsen hoch über Schloss Katharinental, dem Präsidentenpalast und der Parklandschaft unten.

Angesichts einer Sammlung von insgesamt fünfundfünfzigtausend Exponaten hatte Tallinn Mühe, seine Kunstschätze auf diverse Museen im Zentrum zu verteilen und dort mindestens einen Teil der Öffentlichkeit zugänglich zu machen. Estnische Kunst war im alten Haus der Ritterschaft in der Oberstadt untergebracht – zwischen der rusisch-orthodoxen Alexander-Newski-Kathedrale, dem Dom und den Botschafterresidenzen. Eine schöne, aber eben auch sehr beengte Lage.

Nun schlendern die Besucher durch das Kumu und betrachten stolz die Perlen der nationalen Kunstsammlung, die wiederum die Geschichte des Landes spiegeln: die Bilder von Elsbeth Rudolff und Sally von Kügelgen, die zu einer Gruppe Malerinnen gehörten, die der deutsch-baltischen

Schicht entstammten und es Ende des 19. Jahrhunderts zu Ruhm brachten; außerdem Werke des estnischen Expressionismus von Konrad Mägi und Ado Vabbe. Aber auch jene Kunst, die in der Zeit der sowjetischen Besatzung zwischen 1940 und 1991 geschaffen wurde, hat hier einen Platz gefunden – genauso wie die Arbeiten, die erst nach der Unabhängigkeit entstanden.

Eine Treppe führt vom Museum hinab in die Zeit der Zaren, die einst auch über Estland herrschten. Peter der Große ließ Schloss Katharinental für seine Gattin bauen: ein pinkfarbenes Barockschloss, entworfen vom italienischen Architekten Niccolo Michetti, das heute ebenfalls einen Teil der estnischen Kunstsammlung beherbergt. 1718 begannen die Bauarbeiten, doch es dauerte fast zwanzig Jahre, bis das Werk vollendet war.

Der Zar wohnte während der Bauarbeiten im »Peterhäuschen«, einem Cottage im Garten, für den man sich bescheiden am Vorbild der Parkanlagen von Versailles orientierte. Doch sonst lief nichts wie geplant, die Fertigstellung des Schlosses erlebte der Zar nicht mehr. Auch Katharina schaffte es nie nach Tallinn. Es ist zu bedauern, dass sie nicht das Geschrei der Möwen hörte und auf die blaue Bucht vor der Stadt blicken konnte. Heute legen dort die Fähren aus Finnland und im Sommer fast jeden Tag Kreuzfahrtschiffe an.

Dritte Szene: Der Domberg

In der Newski-Kathedrale, die gegenüber dem estnischen Parlament auf dem Domberg thront, knistern Kerzen. Der ganze Zwiebelturmbau riecht nach Wachs. Mal murmelt der Priester, mal erhebt er die Stimme. Obwohl hier ein Großteil der Bewohner Tallinns seine geistliche Heimat hat, verrichten vor allem hochbetagte Frauen unter beständigem Bekreuzen und Verbeugen ihre religiösen Handlungen. Für die Touristen besitzt die Kathedrale magische Anziehungskraft, wirkt sie doch wie eine Ahnung Russlands, das westlichen Besuchern noch immer ferner erscheint als das geografisch der Fall ist.

Das viel fotografierte Gotteshaus entstand am Ende des 19. Jahrhunderts als Machtdemonstration des russischen Zarenreichs in seiner estnischen Provinz. Der Bau der russisch-orthodoxen Kirche am prominentesten Ort in Tallinn, auf dem Schlossplatz des Dombergs, richtete sich genauso gegen die Deutsch-Balten wie gegen die Esten. Zuvor hatte sich just an dieser Stelle ein Park mit einem Denkmal Martin Luthers befunden, der die Religion der deutschen und estnischen Stadtbevölkerung repräsentierte. Dass die Kathedrale auch noch dem Fürsten Alexander Jaroslawitsch Newski geweiht wurde, war natürlich ebenfalls kein Zufall. Der hatte die deutschen Kreuzritter im 13. Jahrhundert auf dem zugefrorenen Peipus-See in die Flucht geschlagen und ihren Vormarsch nach Osten gestoppt. Viel deutlicher konnte Russland nicht werden.

Noch immer lebt eine große Zahl von Russen in Tallinn. Viele blieben nach dem Ende der sowjetischen Besatzung im Land – weil sie schon lange hier lebten, sich heimisch fühlten, ihre Kinder hier aufgewachsen waren und nicht zuletzt weil das Leben in Estland mehr Möglichkeiten versprach als im Rest des zerbröselnden Riesenreichs.

Es dauerte, bis sich das Verhältnis zwischen den Einwohnergruppen normalisierte. Im Jahr 2007 kam es zu Unruhen, als russischstämmige Demonstranten eine Straßenschlacht anzettelten. Fensterscheiben barsten, Geschäfte wurden ausgeräumt. Anlass war die Verlegung eines sowjetischen Kriegerdenkmals vom Zentrum an den Stadtrand.

Die Esten wollten die Erinnerung an ihre Zeit als Sowjetrepublik an den Rand ihres Bewusstseins schieben. Die russischsprachige Bevölkerung hingegen sah ihre Nation als Befreier von den Nazis. Die sprächen ja nicht mal Estnisch, murrt mancher Hauptstadtbewohner. Doch längst beherrschen viele russischstämmige Esten die komplizierte Sprache.

Längst ist auch die Ruhe in der kleinen mittelalterlichen Stadt wiederhergestellt. Zum Sonnenuntergang treffen sich Touristen und Teenager auf den Aussichtsterrassen des Dombergs. Unten liegen die roten Dächer der Altstadt vor den Hochhäusern der Neustadt und den Schiffen im Hafen. Dann leeren sich die Gassen; die Botschafterresidenzen sind geschlossen, die Türen der

Domkirche, die einst für die deutschen Kaufleute der Hanse errichtet wurden, ebenfalls. Die letzten Gläubigen verlassen die Newski-Kathedrale.

Einst verschanzte sich die Oberschicht in der Oberstadt vor dem gewöhnlichen Leben unten. Heute verlagert sich am Abend alles Leben nach unten. Restaurants und Bars füllen sich. Es wird wieder eine lange Nacht.

Mit dem KGB ins Varieté

Einst verbarg sich im Hotel »Viru« in Tallinn eine geheime Zentrale des KGB zur Überwachung ausländischer Gäste. Heute ist das Spionage-Hauptquartier ein Museum

Im Telefon fehlt die Wählscheibe. Mit Gewalt wurde sie aus dem aufgebrochenen Plastikgehäuse gerissen. Aus Funkgeräten hängen abgetrennte Kabel. Auf dem Schreibtisch liegen Papiere, Stempel, ein übervoller Aschenbecher und eine Gasmaske. Das Chaos zeugt vom überstürzten Aufbruch in einer kalten Frühlingsnacht des Jahres 1991.

Den zwölf KGB-Offizieren, die in der obersten Etage des eleganten Hotel »Viru« im Schichtdienst rund um die Uhr dem täglichen Einerlei des Abhörens fremder Gespräche nachgingen, war die Luft über den Dächern Tallinns zu dünn geworden. Die Sowjetunion zeigte bereits starke Auflösungserscheinungen. Vor allem an ihren Rändern war das spürbar. Am 3. März 1991 votierten die Bürger Estlands in einer Volksabstimmung für die Unabhängigkeit von Moskau. Zwar war das Referendum rechtlich nicht bindend, doch die Offiziere ahnten, dass ihre Tage im Amt gezählt waren. Sie packten ein, was sie tragen konnten, zerstörten die Telefone und machten sich davon. Ihr Instinkt hatte nicht getrogen: Wenige Monate später, am 20. August

1991, erklärte Estland offiziell seine Unabhängigkeit von der Sowjetunion; drei Tage später wurde der KGB, das Komitee für Staatssicherheit, verboten. Das Hotel am Altstadtrand schwieg dazu, als wäre nichts geschehen.

Zweiundzwanzig Etagen besaß das Hotel »Viru«, der Renommierbau der Hauptstadt der Sozialistischen Sowjetrepublik Estland. So wollte es die Partei. Nun konnte zwar jeder Bewohner Tallinns, wenn er sinnend vor dem Prunkbau stand, nachzählen, dass der ganz offensichtlich über dreiundzwanzig Stockwerke verfügte. Doch bekanntlich war das Leben im Sowjetreich voller Wunder.

Zu ihnen gehörte auch das glanzvolle Hotel selbst. In der dreiundzwanzigsten Etage unterhielt der KGB die Schaltzentrale, von der er die Überwachung von achtzig der fünfhundert Hotelzimmer sowie aller öffentlichen Räume vom Restaurant bis zur Sauna steuerte und auch die Angestellten im Blick behielt. Hinter einer Tür in der zweiundzwanzigsten Etage befand sich der Aufgang nach oben. All das gab es offiziell nicht, weshalb die Tür zu den Räumen der Geheimdienstler die zwingend überzeugende Aufschrift »Hier ist nichts« trug – in Estnisch und in Russisch.

Nachdem die Spione verschwunden waren, vergingen Jahre, bis die Tür wieder geöffnet wurde. Zunächst wusste niemand so recht, was man mit dem eigenartigen Überbleibsel aus der Vergangenheit anfangen sollte, und schloss die über eine separate Treppe erreichbare Etage wieder ab. Im

Jahr 2011 wurde die bis zum vollen Aschenbecher unverändert belassene Abhörzentrale dann zum Herzstück des womöglich einzigen KGB-Museums der Welt in einem Hotel.

Englischsprachige Guides lüften seither mehrmals täglich in meist ausverkauften Touren die Geheimnisse des ersten sowjetischen Varietés in der zweiundzwanzigsten Etage – heute der beliebte Club »Café Amigo« – und der in Lampen und Aschenbechern versteckten Mikrofone, die jedes Wort der Hotelgäste aus den öffentlichen Räumen in die dreiundzwanzigste Etage übertrugen. Heute ist es die 1973 in Tallinn geborene Hotelangestellte Eva, die die Gruppe in den Aufzug nach oben schickt – und erzählt. Das besondere Interesse des KGB galt Politikern und Journalisten, aber auch prominenten Gästen wie Liz Taylor, Neil Armstrong und Nana Mouskouri.

Die Führung ist eine Zeitreise in eine von Paranoia geprägte Welt, in der kaum etwas war, wie es schien. Die Suche nach Beweisen war Selbstzweck, jeder grundsätzlich verdächtig. Dabei war das Leben in der sozialistischen Sowjetrepublik ohnehin fast zu schön, um wahr zu sein. Das Hotel »Viru« wurde sogar eigens als systemimmanente Parallelwelt erbaut, damit auch Ausländer bei Besuchen in Tallinn an den vermeintlichen Errungenschaften des Sowjetreichs teilhaben konnten.

Geld spielte schon beim Bau keine Rolle. Damit das Ganze auch halten würde, beauftragte man eine finnische Firma mit dem Bau. Die politisch neutralen Nachbarn hatten selbst den Anstoß zur Wiedergeburt des Tourismus gegeben. 1964 schlug ihr Präsident Urho Kekkonen bei einem Besuch vor, die durch die neue Weltordnung gekappte Fährverbindung zwischen Tallinn und Helsinki wieder aufzunehmen. Finnen, die bis heute die größte Besuchergruppe der estnischen Kapitale stellen, mussten seinerzeit über Leningrad, also St. Petersburg, nach Tallinn reisen; ein lästiger Umweg, da die beiden Hauptstädte nur ein achtzig Kilometer langer Seeweg trennt. Die Nähe zur freien Welt war indessen auch der Grund, warum fast die gesamte estnische Küste Sperrgebiet war; sogar die Bewohner der meisten Inseln hatten aufs Festland übersiedeln müssen. Die Angst vor einer Flucht der glücklichen Sowjetbürger übers Meer war groß. Dennoch ging bald nach dem Besuch des Präsidenten die erste Fähre aus Helsinki vor Anker. Allerdings fehlte ein Hotel, das den Ansprüchen westlicher Reisender genügt hätte.

Drei Jahre brauchte die Baufirma aus dem Nachbarland, um gleich hinter der mittelalterlichen Stadtmauer Tallinns ersten Wolkenkratzer hochzuziehen. Im Jahr 1972 war nicht nur das Hotel fertig, es hatte auch jeder zehnte finnische Bauarbeiter eine Estin geheiratet und in die Heimat mitgenommen – ein Schwund, den man wohl oder übel akzeptieren musste. Das Hotel aber blieb zwanzig Jahre lang eines der fünf besten im Sowjetreich und eine Perle der sowjetischen Reiseagentur Intourist.

Alle Ausländer sollten hier logieren, Devisen ins Land spülen und daheim vom Wohlleben in der sowjetischen Republik berichten; zugleich war es praktisch, sie alle auf einmal im Blick zu haben. Die achtzig verwanzten Zimmer waren außer für Journalisten und Politiker auch für im Ausland lebende Esten reserviert, die Verwandte in der alten Heimat besuchten. Tausend Mitarbeiter hatte das Haus, das sich heute als Teil der finnischen Gruppe Sokos zweihundertfünfzig Angestellte leistet. Schuhmacher und Schneider, Friseure und Spitzenköche täuschten im Hotel einen Überfluss vor, von dem in der Stadt niemand etwas mitbekam. Französischer Wein und amerikanische Zigaretten waren hier frei verfügbar, während sich die Menschen draußen mit der Rationierung von Kartoffeln, Mehl und Fleisch plagten. Reisegruppen aus dem Ausland wurden am Hafen abgeholt und ins Hotel gebracht. Nur Friseuren und Kellnern war es erlaubt, mit ihnen zu sprechen – aber niemals über Politik.

Denn in diesem Hotel blieb wenig ungehört. Ein Foto an der Wand des heutigen Museums zeigt eine Dame, die alleine an einem Tischchen sitzt, vor sich eine Kladde mit Notizen und ein Telefon. Sie war einer der Etagenwarte, die in jedem Stockwerk ein Auge auf die Gäste hatten. Ein anderer Job, der Estlands Unabhängigkeit nicht überdauerte, war der des Zutatenauswiegers. Er sorgte dafür, dass jede Fleischportion genau fünfundsiebzig Gramm wog, wobei Hühnchen nach Kiewer Art einen Fleischanteil von zweiundachtzig Gramm aufweisen musste. Auch beim Geschirr empfahl es sich, genau hinzuschauen. Führerin Eva zeigt einen Brotteller aus dem Restaurant, der niemals in die Spülmaschine durfte – in seinem doppelten Boden befindet sich ein Mikrofon.

Auch die Mitarbeiter befanden sich unter ständiger Beobachtung. Bevor ein Bewerber einen Job antreten konnte, wurde sein Hintergrund durchleuchtet. Hatte ein Aspirant auch nur einen im Ausland lebenden Cousin, war er draußen. Wer das Auswahlverfahren bestand, erhielt einen Stempel auf den Personalbogen: »Genehmigt.« Eva: »Das bedeutete: Wir wissen mehr über dich als du selbst.«

Damit sich das jeder gut merken konnte, gab es gelegentliche Tests. Ein unscheinbares Portemonnaie diente so als Charakterprüfung der Beschäftigten. Wer die herumliegende Börse öffnete, den traf ein verräterischer roter Tintenstrahl. Die Folge war Strafversetzung auf einen niedrigeren Posten oder die Auflage, sich durch Beschaffung relevanter Informationen in besseres Licht zu rücken.

Exponate wie die auf Puppen gespannten und auf einem Feldbett ausgebreiteten KGB-Uniformen in der einstigen Spionagezentrale dienen vor allem der Verdichtung der Atmosphäre, da die Offiziere zumeist in Zivil ihrer Arbeit nachgingen. Die Medaille, die Brotschneiderin Helga für ihren Dienst am Volk erhielt, ist ebenso ausgestellt wie eine diskret mit Holz verkleidete Antenne und Eintrittskarten fürs Varieté Viru. Vier Rubel kosteten die begehrten Tickets im Jahr 1975. Dafür erwarteten die Besucher – Hotelgäste, verdiente Einheimische und Parteifunktionäre aus Moskau, die das Theater aus rein fachlichem Interesse besuchten – ein gewagtes, ideologisch als zweifelhaft geltendes Programm eines hochkarätigen Ensembles estnischer Tänzerinnen und Sängerinnen sowie auf jedem Tisch ein Mikrofon im Blumengesteck.

Eva erinnert sich an die Zeit, in der das Hotel als westliche Insel im sozialistischen Alltag normalen Leuten verschlossen und sogar die in Moskau festgelegten Zimmerpreise geheime Verschlusssache waren. »Den Hintergrund kannte ich, damit bin ich aufgewachsen.« Manche Anekdote haben ihr ältere Kollegen erzählt, die nach der Wende blieben, als ein Finne als General Manager die Geschicke des Hauses übernahm. Legendär ist die Geschichte des Technikers, der eine defekte Telefonleitung reparieren sollte. Er drang ins Allerheiligste vor, spürte unversehens den Lauf einer Pistole am Kopf und suchte schnell das Weite. Allerdings erinnerte er sich später daran, Männer mit Kopfhörern gesehen zu haben – was hinter vorgehaltener Hand die Runde machte, aber im Hotel kaum für Überraschung sorgte. Nicht umsonst verband ein rotes Telefon ohne Wählscheibe das Büro des Managers – der für seinen Job das diplomatische Geschick eines Botschafters und das Fingerspitzengefühl eines Herzchirurgen benötigte – mit dem KGB-Hauptquartier in der Altstadt, während ein zweites, metallgefülltes Sicherheit vor eingeschmuggelten Mikrofonen bot. Tourismus und Überwachung gehörten im Traumhotel Viru zusammen wie Hammer und Sichel.

Wo die Gutsherren Götter waren

Deutsch-baltische Adelsgeschichten aus der russischen Provinz

Vierhundert handverlesene Gäste fuhren am 8. Juni 1886 zur Einweihungsparty vor dem Schloss in Alatskivi vor – die gesamte Elite des Landes. In der Tür stand Baron Arved Georg von Nolcken, der einundvierzigjährige Hausherr, wippte auf seinen Absätzen und lächelte zufrieden. Seine Gäste sahen hinlänglich beeindruckt aus. Kein Wunder: Allein die Vorfahrt führte um eine Rasenfläche so groß wie ein Fußballfeld. Dass sein Haus, an einer Seite zwei-, an der anderen dreistöckig, mit seinen Türmchen und Zinnen an Balmoral erinnerte, das sich die englische Königin Victoria und ihr Gatte Albert vor dreißig Jahren hatten bauen lassen, erkannten vermutlich nicht alle seiner Gäste. Aber das machte nichts. Mit den schottischen Zitaten wollte der weit gereiste Adelige sich selbst erfreuen. Und natürlich die Frau, für die er das Haus gebaut hatte: Josephine Caroline Elise von Loewenstern, die selbst von einem Herrensitz stammte, nämlich von Kuigatsi im Bezirk Valga. Die helle Juninacht leuchtete noch lange in der Erinnerung von Gästen und Gastgebern.

In den siebziger Jahren des 19. Jahrhunderts hatte der junge Baron ausgedehnte Reisen auf die britischen Inseln unternommen. Vor allem das wildromantische Schottland hatte es ihm angetan, und Schloss Balmoral erschien ihm als perfektes Beispiel royaler Architektur inmitten ungezähmter Natur. Letztere gab es schließlich auch in seiner Heimat, und so ließ von Nolcken 1876 die Landschaft auf seinem Grundstück erst einebnen und dann neu in Terrassen anlegen. Sein Schloss sollte nicht nur Wohnhaus, sondern Teil einer majestätischen Landschaft werden, umgeben von Gärten und Parklandschaft. 1880 wurde der Grundstein gelegt, zwei Jahre später zog der Baron ein, um die Arbeiten der Steinmetzen vom Peipus-See, der Zimmerleute aus Tartu und der Stuckateure aus Riga aus nächster Nähe zu überwachen.

Bei der Ausstattung des Hauses scheute der Baron weder Kosten noch Mühen. So ließ man für den Parkettboden, auf dem bei der Einweihung getanzt wurde, Eichen- und Ahornbalken im nahen Peipus-See einweichen und im Räucherhaus trocknen; die barocken Türen erhielten Klinken aus Kupfer und Kacheln ließ man aus Holland kommen. Die neunundneunzig Zimmer des neogotischen Schlosses wurden zu einem Schaukasten europäischer Handwerkskunst des 19. Jahrhunderts.

Tausendzweihundertfünfzehn Quadratmeter Wohnfläche erschienen dabei nicht als übertrieben; schließlich sind die Winter in diesem Teil der Welt lang, kalt und dunkel. Wie angenehm ist es da, wenn man auch im Haus Platz hat zum Flanieren; wenn man vom Salon in die Bibliothek schlendern kann und von dort ins Herrenzimmer, derweil Schneemassen den sechzig Hektar großen Park, seine Alleen und Teiche unter sich begraben.

Von Nolcken, der seinem Sprengel und der Umgebung wie selbstverständlich auch als Repräsentant diente, war der letzte private Besitzer des Gutshofs, der bereits 1601 als »Hof Alleskine« erstmals Erwähnung fand. Er war auch der schillerndste und dazu das Musterbeispiel eines baltischen Landedelmanns. Fernab von den großen Höfen Europas pflegten die Nachkommen der deutschen Adeligen, die im 13. Jahrhundert ausgezogen waren, das heidnische Baltikum zu unterwerfen, in Estland ein komfortables Landherrenleben. Wiewohl Estland seit dem Sieg Peters des Großen gegen die Schweden 1721 eine russische Ostseeprovinz war, orientierte man sich auf den Gutshöfen mental nicht nur nach St. Petersburg, sondern träumte auch von den glanzvollen Höfen des westlichen Auslands. Ein wenig von Glamour und Lebenskunst der Standesgenossen ließ sich hierhertransportieren: indem man Moden und Bälle imitierte oder eben auch mal die Architektur eines ganzen Schlosses – wie auch auf dem Gutshof Sangaste bei Otepää, das eine auffällige Ähnlichkeit mit Windsor Castle aufweist.

Der Gutsherr konnte sich eine Welt nach seinem Wunsche schaffen, war er auf seinem Landsitz doch fast ein Gott: Er sprach Recht und mehrte seinen Wohlstand mittels der Arbeit der Pachtbauern. Zwar erhielt die Landbevölkerung im frühen 19. Jahrhundert Bürgerrechte. Aber noch immer durften sie das Land, das sie bewirtschafteten, nicht selbst besitzen. Und wenn die Lage es erforderte, konnte der Gutsherr sich der Fronarbeit seiner Bauernschaft versichern.

Das Rokoko-Schlösschen Sagadi im Norden war der Sitz der Familie von Fock; heute ist im barocken Gutshaus das Estnische Forstmuseum untergebracht. Auf Vihula lebten die Nachbarn. Dieser Gutshof wurde 1501 erstmals als Besitz der Familie von Lode erwähnt; später residierte hier die Familie von Schubert. Heute sind von Juni bis September an jedem Freitag und Samstag Hochzeitspaare auf Vihula zu Gast. Der fünfzig Hektar große Park des heutigen Hotels wird mit uralten Bäumen, einem Teich mit weißen Holzbrücken, einer Wassermühle und dem Fluss Mustoja als Trauungsort ebenso genutzt wie der »Kuss-Turm«. Dort traf sich einst ein Sohn des Hauses mit einem Mädchen aus dem Dorf. Die unstandesgemäße Romanze endete, als die Verliebten von der Teufelsbrücke aus, die die Ufer der Mustoja verbindet, gesehen und verraten wurden. Heutigen Paaren sollen weder Turm noch Brücke Unglück bringen. Das garantiert schon der Regen, der hier gelegentlich heftig ausfällt. Denn der, so tröstet man sich im Norden Estlands über regendurchtränkte Tage und von schweren Wolken überschattete Hochzeitsfotos hinweg, bringt Glück und Reichtum.

Einst bildete jeder der schmucken Herrensitze ein kleines, autarkes Universum: mit Kapelle, Schulhaus, Wirtschaftsgebäuden und nicht selten auch einer eigenen Brennerei. Auch Alatskivi besitzt eine kleine Kirche, die zwischen 1777 und 1782 von den damaligen Inhabern, der Familie von Stackelberg, errichtet und im 19. Jahrhundert zweimal verändert wurde.

Die Kultur blühte in dieser herrschaftlichen Welt. So nahm sich Pastor Joachim Rossihnius auf Alatskivi neben seinen seelsorgerischen Pflichten die Zeit, protestantische Schriften ins südestnische Idiom zu übertragen, noch bevor die offizielle estnische Schriftsprache eingeführt wurde, die auf den Dialekten des Nordens basiert.

Die Zeit verging langsam beim ruhigen Leben auf dem Land. Der Wechsel der Jahreszeiten gehörte hier zu den wichtigsten Ereignissen. Wenn am Ende des Sommers die Störche verschwanden, wusste man, dass ab jetzt mit schlechtem Wetter zu rechnen war. Machten sich dann auch die Gänse auf den Weg nach Süden, kam der erste Frost. Folgten ihnen die Schwäne, gab es den ersten Schnee.

1885 feierte der Baron von Nolcken seinen vierzigsten Geburtstag und die Fertigstellung seines prachtvollen Gutshauses. Er und seine Josephine sollten vier Kinder bekommen. Und sie hätten womöglich auch so glücklich gelebt wie Victoria und Albert in England und Schottland, hätte das Schicksal sie nicht persönlich und politisch getroffen. Ein Sohn starb in jungen Jahren. Zudem sollte sich erweisen, dass es eines ist, für die Ewigkeit zu bauen, und ein anderes, diese Ewigkeit so lange wie möglich zu teilen: 1905 begehrten Esten und Letten gegen die Vorherrschaft der deutschstämmigen Führungsclique auf. Die Unruhen erschütterten die Welt der Gutsherren in ihren Grundfesten – lokale Ausläufer eines Revolutionsversuchs, der das ganze Zarenreich erfasst hatte. 1906 verließ die Familie das Schloss, drei Jahre später starb der Baron. Alatskivi sollte nie mehr das Heim einer Familie sein.

Im Laufe der folgenden Jahrzehnte spielte das Herrenhaus Rollen von unterschiedlicher Glanzlosigkeit: Von 1920 bis 1929 diente es als Schulhaus, dann als Hauptquartier von Grenzschützern, schließlich wurde es Verwaltungsbüro der örtlichen Kooperative für Traktoren und Landmaschinen und Herzstück eines staatlichen Gartenbaubetriebs. In den siebziger Jahren wurde mehrmals in die Kirche eingebrochen, die sich bald in beklagenswertem Zustand befand, dafür aber schon 1993 vollständig restauriert wurde. Im selben Jahr mietete ein Finne das Herrenhaus, um hier ein Sanatorium einzurichten; dieser Plan scheiterte. 1999 übernahm es die Stadt, die hier ein viel besuchtes Museum einrichtete.

Heute ist das bildschöne weiße Schlösschen ein märchenhaftes Hotel und wie Vilhula ein beliebter Schauplatz für Hochzeiten. Schließlich liegt in der Nähe des Anwesens auch die »Eiche der Treue«. An ihrem vier Meter dicken und stolze fünfundzwanzig Meter hohen Stamm treffen sich seit jeher

Brautleute, um einander ewige Treue zu schwören. Vorzugsweise übrigens in der Johannisnacht. Wer sich dann am Fuß der Eiche Loyalität verspricht, ist dem anderen auf immer unauflöslich verbunden.

Auch Palmse, ein idyllisch im Lahemaa-Nationalpark an der Nordküste gelegenes Juwel unter Estlands herrschaftlichen Gutshöfen, birgt Geschichte und Geschichten. Von 1674 bis 1923 befand sich der Hof, der erst über zweihundert Jahre lang dem Nonnenkloster St. Michael in Tallinn gehörte und ab 1510 wechselnde Eigentümer hatte, im Besitz derer von der Pahlen. Einer ihrer herausragenden Vertreter war Karl Magnus von der Pahlen, der an den russisch-türkischen Kriegen ebenso teilnahm wie am Feldzug gegen Napoleon 1812. Später wurde er Generalgouverneur von Estland, Livland und Kurland.

Gustav Christian von der Pahlen hatte von 1695 bis 1697 das erste Gutshaus bauen lassen, das später durch ein Feuer zerstört wurde. Arend Diedrich von der Pahlen errichtete 1730 ein neues Herrenhaus, das nachfolgende Generationen hier und da veränderten. In den achtziger Jahren des 18. Jahrhunderts erhielt es dann sein heutiges Gesicht, als Alexander von der Pahlen, 1819 geboren, und seine sieben Jahre jüngere Frau Olga, eine geborene Grote, das Haus im Stil des Spätbarock umbauen ließen. Seither war der stattliche Bau mit der weißgelben Fassade und dem roten Ziegeldach ebenso wie die gepflegte Parkanlage eine Zierde für den Stand und das Land.

Alexander von der Pahlen war ein Wissenschaftler, dessen Verdienste den Bau der Eisenbahnlinie zwischen Tallinn und St. Petersburg und damit die Anbindung an die Hauptstadt des Russischen Reiches einschlossen. Er wurde auch erster Direktor dieser Linie. Außerdem war er mit Kinderreichtum gesegnet. Auf ihn und die Seinen wird der Name »Neunkinderweg« für einen der Pfade im Park zurückgeführt. Beizeiten band er seine Sprösslinge in die wissenschaftliche Arbeit ein. Jedem Kind wurde morgens ein Hammer ausgehändigt, mit dem es auf dem Gelände des Herrensitzes nach Fossilien suchen sollte. Zur Belohnung gab es Rosinen. Aber Alexander von der Pahlen vermochte auch zu motivieren, indem er besondere Leistungen besonders würdigte: Eine Tochter, die eines Tages eine schöne versteinerte Muschel entdeckte, verdiente sich mit dem Fund dreißig Kopeken.

Auf dem prachtvollen Gutshof Palmse ist es leicht, sich die Schönheit des ländlichen Adelslebens auszumalen: Die kurzen, aber um so heller leuchtenden Sommer, die man mit Jagdausflügen und Picknicks verbrachte; die langen, kalten Winter, deren Dunkelheit durch Hauskonzerte, Partys, mußevolle Plaudereien am Kamin und gelegentliche Ausflüge nach St. Petersburg erhellt wurden, während draußen in eisigen Nächten die Wölfe heulten. Dass dort Leibeigene und Pachtbauern in ärmlichen Katen froren, ließ indessen ahnen, dass dieser Zauber nicht ewig währen würde.

Zu Beginn des 20. Jahrhunderts endete auch im Norden Estlands das beschauliche Landleben. Bis 1940 diente Palmse als Urlaubsheim für Kriegsveteranen, in der Sowjetzeit war der Herrensitz Schule und Kindersommerlager.

Aus ganz Estland hat man zeitgenössische Möbel zusammengetragen, um die drei Etagen des Hauses möglichst authentisch einzurichten und die Atmosphäre von einst wieder lebendig zu machen. Ein einziger Sessel aus Familienbesitz wurde aufgetrieben; Fotografien, die Nachfahren beim Besuch des Adelssitzes ihrer Ahnen zeigen, stehen auf einem Schreibtisch im Arbeitszimmer. Die Nachkommen sind in alle Welt verstreut; ein Zweig der Familie ist heute in der Nähe von Frankfurt zu Hause.

Palmse wurde bald nach der Wende nach den alten erhaltenen Plänen restauriert und der Öffentlichkeit als Museum zugänglich gemacht – als erstes Herrenhaus in Estland. Heute ist das Besucherzentrum des Nationalparks im ehemaligen Stall heimisch. In der einstigen Schnapsbrennerei befindet sich ein Hotel mit siebenundzwanzig wohnlichen Zimmern.

Der Sommernachtstraum in der Johannisnacht

Bloß nicht einschlafen: Estland sucht den magischen Farn

Als der Rest Europas längst auf harten Kirchenbänken saß, lebten die Esten noch in einer Welt geheimnisvoller Geister und mächtiger Götter. Seitdem ist eine Menge geschehen, doch das wichtigste Fest aus jenen Zeiten feiern sie noch heute: die Sommersonnenwende. Jahrtausendelang vertrieben die Esten in der hellsten Nacht des Jahres mit Gesang und Feuern das Böse und huldigten heidnischen Gottheiten. Dass die Flammen seit der Christianisierung zu Ehren des heiligen Johannes lodern, änderte wenig am Prozedere. Und auch heute, da die Esten sich fast wieder so weit vom Christentum entfernt haben wie in tiefster heidnischer Vergangenheit, heißt die hellste Party des Sommers Jaanipäev.

Oberstes Gebot in der Nacht zum 24. Juni: Nicht einschlafen! Wer nicht wach bleibt, bis die Sonne aufgeht, handelt sich nämlich Unglück fürs ganze Jahr ein. Stattdessen hört man den Chören zu. Man singt und tanzt. Junge Frauen rücken den Blumenkranz im Haar zurecht – seine Blätter und Blüten schützen vor bösen Mächten. Man springt übers Feuer. Das bringt Glück, vor allem, wenn man hoch und weit genug springt. Man entschwindet mit dem oder der Liebsten in den Wald – um den »magischen Farn« zu suchen, der nur in dieser Nacht blüht und Verliebten Glück bringt. Was es mit dieser geheimnisvollen Pflanze auch auf sich haben mag: Fakt ist, dass im März seit jeher viele Babys zur Welt kommen. Und die bringen nicht nur den Liebenden Glück, sind doch die Geburtenraten in Estland geradezu alarmierend niedrig.

Gleichbleibend hoch sind indessen die Teilnehmerzahlen bei Mittsommerfeiern. Die Esten lieben ihre Traditionen – seien es die legendären Sängerfeste oder eben die Lustbarkeiten der kürzesten Nacht im Jahr. Und womöglich ist es der rasanten Entwicklung des kleinen Landes seit seiner neuerlichen Unabhängigkeit geschuldet, dass die altertümlichen Bräuche höher im Kurs stehen denn je. Einen Hang zur Esoterik leistet man sich gern, und auch zum stark ausgeprägten Umweltbewusstsein passt die mentale Rückkehr aufs Land und zur Natur. Auch wenn das natürlich nicht ausschließt, dass man seine Follower auf Instagram an der Suche nach dem magischen Farn teilnehmen lässt.

Mittsommer wird auf dem Land gefeiert. Am hellsten brennen die Johannisfeuer an Stränden, aus Treibholz aufgetürmt, in Dörfern und im Freilichtmuseum in Tallinn – der hauptstädtischen Verbindung zu den Traditionen des Landlebens. Heidnische Mythen und Rituale sind eng mit der

Natur verbunden, und wo die das Leben bestimmte, überdauerten sie auch am längsten.

Letztlich liegt das alles noch gar nicht weit zurück. Im Lahemaa-Nationalpark stehen noch heute zwei Linden des »Heiligen Hains«. Die Bäume sind freilich eher heidnisch als heilig. Denn die Menschen, die in dieser Gegend an der Nordküste Estlands lebten, legten noch vor hundert Jahren an den Stämmen dieser Bäume Geschenke für die Erdgeister ab. Zur selben Zeit pflegten Bauern Bäume um Vergebung zu bitten, bevor sie sie fällten. Weil jede Pflanze ein Lebewesen ist, was streng biologisch betrachtet ja auch unzweifelhaft zutrifft. Und weil jedem Lebewesen eine Seele innewohnt. Auch dem möchte man nicht ernsthaft widersprechen.

Zwischen Moor und Meer

Seefahrergeschichten aus Käsmu: Ein Dorf an der Nordküste war einst die Heimat von über sechzig Kapitänen

Manchmal ist es schwer zu sagen, ob die größeren Schrecken hinter oder vor einem liegen. Die dreitausend Esten, die im schwedischen Exil abends die Nachrichten aus ihrer Heimat hörten, waren sich ihrer Sache aber ziemlich sicher. Sie sollten heimkehren, es werde ihnen nichts geschehen, schmeichelte eine russische Stimme aus dem Äther. Sie zogen es aber vor, sich auf achtundzwanzig Schiffe zu drängen. In das größte hatten sich dreihundert Menschen gequetscht. Von Schweden aus ging es so in Richtung Westen, nach Amerika. Es war Herbst, der Atlantik wurde von den für die Jahreszeit üblichen schweren Stürmen bewegt. Zudem waren die Schiffe allenfalls bessere Nussschalen. Boote, die zur Ozeanquerung taugten, besaß mitten im Krieg niemand. Es war 1944, und der U-Boot-Krieg machte die Fahrt zu einem Unternehmen, das eigentlich nur scheitern konnte. Doch wie durch ein Wunder ging nur ein einziges Boot verloren. Die übrigen Flüchtlinge erreichten New York nach kräfte- und nervenverzehrender Passage.

Aarne Vaik erzählt diese Geschichte, als wäre er seinerzeit selbst ausgezehrt und halb verhungert in Amerika an Land gegangen. Dabei wäre das dem 1942 geborenen Vaik schon rein rechnerisch schwer möglich gewesen. Seit 1993 unterhält der Biologe in einem Haus am Meer ein Drei-Zimmer-Museum für die Geschichte seiner Heimat. Alle seiner Ahnen waren Kapitäne.

Seine Mission sei es, die Geschichte des Seefahrerdorfs zu dokumentieren, erklärt er. Postkarten von Matrosen und Gemälde von Schiffen, Ruder und Reusen, Seesäcke und Gepäcktruhen, Schiffslaternen und Werkzeug für den Bau von Booten, Fischer- und Transportboote, eine ganze Kapitänsstube samt Wäscheschrank der Gattin. »Aarne sammelt alles«, erläutert Triin Saks, die Managerin des Museums. »Jeden Gegenstand, der eine Geschichte vom Leben am Meer erzählt, aber auch archäologische Fundstücke.« Ständig wachse das Inventar des Museums; wann immer jemand in der Gegend ein Haus baue, komme ein Überbleibsel aus der Vergangenheit zutage. »Vor allem alte Beilklingen«, sagt Triin. Auch für diese findet sich ein Plätzchen in dem denkmalgeschützten Holzhaus.

Als Estland von 1710 bis 1918 Teil des russischen Zarenreichs war, war in diesem Bau die Küstenwache ansässig, die nach Schmugglern Ausschau hielt. Tatsächlich sorgte der Alkoholhandel unter Umgehung des Zolls – neben dem Logiergeld wohlhabender Sommergäste aus St. Petersburg – für solide Einkünfte. 1884 eröffnete im heutigen Museum die maritime Akademie, die bis zu ihrer Schließung im Jahr 1931 Kapitäne ausbildete. »Für ganz Russland gab es nur fünf solcher Schulen«, sagt Triin. Zwischen den Weltkriegen waren mehr als sechzig Kapitäne in Käsmu heimisch. Sie wohnten in Häusern, so weiß wie ihre Schiffe. Den Frauen blieb im Alltag wenig anderes, als zwei schöne Tugenden zu pflegen: Geduld und Hoffnung. Dass mancher Kapitän vom Meer nicht zurückkam, brachte Käsmu einen Beinamen ein: das Dorf der Witwen. Außerdem wurden hier Segelschiffe gebaut. Und weil die geschützte Bucht im Winter meist eisfrei blieb – tatsächlich soll sich der Name Käsmu von einem alten estnischen Wort für »Sommer« ableiten –, lagen hier in der kalten Jahreszeit auch viele fremde Schiffe.

Seit jeher bestimmte das Meer die Berufswahl. »Das erste Spielzeug, das kleine Jungen hier an der Küste bekamen, war traditionell ein Schiffsmodell«, so Triin Saks. Mit dreizehn, vierzehn Jahren fuhren sie als Hilfsmatrosen zur See; nach drei Jahren besuchten sie die Seefahrtsschule. Nachdem in feudalen Zeiten nur Landbesitzer Schiffe hatten bauen dürfen, hatte seit 1811 jeder Küstenbewohner das Recht, sein eigenes Boot anzufertigen. Folglich lag vor jedem Haus ein Boot – bis die Küste während der Sowjetzeit militärisches Sperrgebiet wurde. Plötzlich war alles verboten, was vorher zum Leben gehörte wie die Luft zum Atmen: Boote, das Fischen, sogar das Betreten des Strandes, der durch einen Zaun versperrt war. Wurde der beschädigt, meldete eine aufsteigende Leuchtrakete die mögliche Grenzverletzung. Nur in der Dorfmitte war der Strand zugänglich. Doch nach zweiundzwanzig Uhr durfte man weder auf der Hauptstraße noch am Meer gesehen werden.

Seit einiger Zeit gibt es wieder Uneinigkeit über die Frage, wer Zugang zum Meer hat – und vor allem in welcher Form. Haupt- und Nebengebäude des Museums gehören seit 2008 dem estnischen Kultusministerium, das sie Aarne zur Nutzung überlassen hat. Der denkmalgeschützte Leuchtturm – einer von nur zwei erhaltenen aus Holz im ganzen Land – ist im Besitz der Kommune, zwei kleine Gebäude gehören der Universität Tartu. Gleich unterhalb des Leuchtturms hat Vaik zusammen mit Bootsbesitzern aus dem Dorf einen Anleger mit zwanzig Plätzen gebaut. Hier liegt auch Aarnes selbst gebautes Wikingerboot. Doch nun ist ein Großprojekt in Planung: »Dieser reiche Russe will hier einen monströsen Hafen aus Beton bauen«, sagt Triin nicht ohne Bitterkeit. Gegen das Vorhaben wehren sich Aarne und andere Dorfbewohner, die die geschützte Küste durch das Projekt gefährdet sehen.

»Er tut so, als würde er dem Dorf ein Geschenk machen, dabei dauert der Sommer hier nur zweieinhalb Monate«, so Triin. »Die übrige Zeit würde der Hafen nicht genutzt. Es geht um private Interessen des Investors.«

Nun versuchen Bewohner des Dorfes, den Bau vor Gericht zu verhindern.

Denn durch einen modernen Hafen könnte auch die nahezu organische Verbindung von historischen Bauten und der kaum berührten, zeitlosen Landschaft leiden – ähnlich wie zur Sowjetzeit, als die Zwangsmaßnahmen die Verbindung der Menschen in Käsmu zur Seefahrt lösten. Sie wiederherzustellen und zu erhalten sieht Aarne Vaik als die eigentliche Bestimmung seines Museums.

Die Möglichkeiten einer Insel

Sauna, Boot, Wasser: Viel mehr braucht es nicht zum Glück der Esten. Auf Prangli riss die Bindung zwischen Mensch und Meer nie ab

Eine Verkehrsampel besitzt Prangli. Einst zeigte sie an, ob die neben ihr liegende Bar offen oder geschlossen war. Seit die Bar für immer schloss, ist die Ampel stets grün. Auch sonst ist das Leben auf der neun Kilometer vor der estnischen Nordküste gelegenen Insel planbar. Prangli besitzt drei Fischerdörfer, einen Leuchtturm, eine Bücherei, eine Holzkirche, ein Restaurant, ein Gemeindezentrum, eine Postfiliale, ein von der Dorfältesten Terje geführtes Geschäft für Holzarbeiten und eine Küste voller Findlinge. Übersichtlich ist die sechseinhalb Quadratkilometer große Insel außerdem. Siebzig Menschen wohnen hier ganzjährig; im Sommer sind es gut doppelt so viele. Die hellgrün gestrichene Insel-Schule besuchen derzeit fünf Schüler.

Zur Zeit der ersten Unabhängigkeit Estlands im Jahr 1918 lebten zehn Prozent der Esten auf Inseln. Heute ist es nur noch ein Prozent. Während Estlands Mitgliedschaft in der Sowjetunion waren Inseln für die Esten nur Schatten am Horizont. Ausfahrten aufs Meer waren verboten, Privatboote wurden eingezogen. Nur Fischer durften Boote nutzen, die aber zur Sicherheit nachts weggeschlossen wurden. Auf der Halbinsel Viimsi, die sich nordöstlich an Tallinn anschließt, bewachten Grenzsoldaten und Zäune die Strände und Küsten. Auch in der Hauptstadt selbst war – jenseits des Hafens – jeder Zugang zum Meer versperrt; so gründlich, dass es Stadtplanern bis heute nicht gelungen ist, die Stadt und ihre weggebaute Küste wieder miteinander zu vereinen.

Estlands Inseln – mehr als zweitausend sollen es nach Analyse jüngerer Satellitenbilder sein – waren Grenzgebiet. Bis auf die beiden größten, Saaremaa und Hiiuma, wurden alle besiedelten Inseln geräumt. Das alles war nötig, um die Flucht der glücklichen Sowjetbürger übers Meer nach Finnland zu verhindern. Prangli war die einzige Insel vor der Nordküste, deren Bewohner bleiben durften. Die 1953 gegründete Fischer-Kolchose S.M. Kirov galt als Vorzeigebetrieb und war wichtig für die Versorgung. Dreihundert Menschen lebten hier: Fischer und ihre Familien, unter ihnen fünfzig Schulkinder. Auch weil die Fischer gut verdienten – mehr als Lehrer –, schien das Risiko kalkulierbar. Dabei war die Lage Pranglis im Finnischen Meerbusen aus Sicht der Besatzer äußerst heikel. Nur sechzig Kilometer liegen zwischen dem Hafen an der Nordküste der Insel und Finnland. Selbst der Dialekt der Insulaner ist dem Finnischen nahe.

Den vor der Küste gefangenen Dorsch verarbeiteten die Insulaner in einer Halle neben dem Hafen Kelnase, verpackten ihn in Kisten und transportierten ihn auf Schienenwagen zu den Schiffen. Heute sind in der Halle die Touristeninformation, eine kleine Bühne und diverse durchgesessene Sofas untergebracht, auf denen Fährpassagiere aufs Schiff warten können. Leihfahrräder stehen hier, ein Akkordeon ruht auf einem Tisch, Bücher stapeln sich in Regalen. Fotowände illustrieren, wie die Menschen hier zu Sowjetzeiten lebten. Dünne Teppiche, Wandbehänge aus Fischernetzen und eine kleine Bar mit ausgesuchten Schnäpsen bemänteln die Tatsache, dass die aus Balken und Brettern gezimmerte Halle ihre besten Tage hinter sich hat. »Seit zehn Jahren soll sie abgerissen und durch ein modernes Gebäude mit Duschen und Sauna ersetzt werden«, sagt Annika Prangli. »Aber mittlerweile ist sie den Leuten ans Herz gewachsen. Sie ist Teil des Charmes der Insel.« Viele Insulaner wollen die alte Fischfabrik als Kulturzentrum erhalten. Dennoch bemüht die Gemeinde sich um EU-Gelder, um den Hafen auf Vordermann zu bringen. Bis es so weit ist, dürfen Segler nach Entrichtung der Hafengebühr in Privathäusern duschen.

Annika Prangli ist in Tallinn aufgewachsen, wo sie im Tourismusbüro und später für einen Reiseveranstalter arbeitete. Seit sie mit Holzhaus-Konstrukteur Anders Prangli aus Südestland – wo es ein gleichnamiges Dorf gibt – verheiratet ist, trägt auch sie den Namen der Insel, die für Festland-Esten so lange tabu war. Das mochte Zufall oder Schicksal sein, jedenfalls beschloss das Paar, sich die Insel genauer anzusehen. »Wir stellten fest, dass hier sehr nette Menschen leben«, so Annika. Die Pranglis kamen immer wieder, kauften schließlich ein Sommerhaus und gründeten eine Agentur, die Touren auf die Insel, zu Robbenkolonien vor den Malusi-Inseln und in den Lahemaa-Nationalpark organisiert. Das war im Jahr 2010. Immer mehr verlagerte sich das Leben der Familie mit drei Kindern fortan nach Prangli. Annika schrieb ein Theaterstück über die Insel für das Sommertheater, das hier so untrennbar zur warmen Jahreszeit gehört wie überall sonst in Estland. Aufgeführt wurde es auf der Freilichtbühne, die einem auf die Seite gedrehten Boot ohne Kiel nachgebildet ist – so wie es die Einheimischen einst zur Robbenjagd nutzten. Annikas Agentur bringt Besucher, sie betreibt die Touristen-Information und den kleinen Jachthafen, der der Gemeinde gehört.

Als der Insel-Schule Lehrer fehlten, sprang Annika ein und unterrichtete an zwei Tagen der Woche Englisch, Geschichte, Erdkunde und Biologie – zwei Jahre lang. In sturmgeschüttelten Winternächten war sie oft der einzige Mensch, der sich an der Südküste aufhielt. Unbehaglich war ihr nie. Auf Prangli gibt es weder Wölfe noch Wüstlinge, nur widriges Wetter. »Manchmal fiel so viel Schnee, dass ich morgens kaum aus der Haustür kam.« Dann musste sie auf Evakuierung durch den Schneepflug warten, weil ihr Auto bis über die Tür eingeschneit war. »Ich ließ es stehen, bis der Schnee schmolz.« Die Gefasstheit der Esten ist sprichwörtlich und unerschütterlich – zumindest solange Sauna und Wasser erreichbar sind, von denen ihr seelisches Gleichgewicht in hohem Maß abhängt.

Seit sechshundert Jahren ist Prangli besiedelt. Schweden, Finnen und Esten lebten hier und verdienten ihr Geld mit Fischfang, Wodkaschmuggel und der Robbenjagd, die seit 1980 verboten ist. Überall sind die Beziehungen zum Meer sichtbar: Die Farbe manches alten Holzbaus basiert auf Robbenfett, Schuppen sind aus Treibholz oder Wrackteilen gezimmert, in Gärten liegen neben Holzstößen für den Kamin Boote und Bojen.

Dennoch drehen die Menschen dem Meer beim Hausbau zum Schutz vor Stürmen und Kälte seit jeher den Rücken zu. Als Gutsbesitzer Ende des 19. Jahrhunderts erstmals Land verkauften, wollte niemand ein Grundstück an der exponierten Küste haben. So wurde das Land in schmale Parzellen geteilt; das Heim baute man tief im Inselinneren, am Meer pflanzte man Kartoffeln, gedüngt wurde mit Algen. Heute haben sich die Prioritäten geändert, doch die meisten der schmucken Sommerhäuser im Inselnorden entfalten ihren nordischen Zauber noch immer im Schutz von Kiefern und mit Sicherheitsabstand zur Küste – und zum Nachbarn. Am Strand liegen nur ein paar Bootshäuser. Und obwohl Annika Besucher aus Deutschland, England, Asien und Amerika hergebracht und der Tourismus sich zum messbaren Wirtschaftsfaktor entwickelt hat, sind Strände und Pfade meist menschenleer. Selbst im Sommer scheint es hier möglich, die Zeit wenn nicht an-, dann doch wenigstens aufzuhalten.

Das war schon immer so. Auch in Sowjetzeiten ruhte am Sonntag alle Arbeit. Bis heute sind die Menschen hier religiöser als im übrigen säkularisierten Estland. Jeden zweiten Sonntag kommt ein Pfarrer vom Festland zum Gottesdienst. Er predigt in der 1848 erbauten Inselkirche, dem vierten Bau an dieser Stelle; mal vor fünf, mal vor zwanzig Leuten. »Wir leben auf Gottes Rücken«, sagen die Insulaner über die besondere Beziehung zwischen Prangli und der Vorsehung. Denn Verschleppung und Krieg, unter denen Estland im 20. Jahrhundert so schwer litt, streiften die Insel nur.

Der Wald bewahrt die Geschichten und Geheimnisse jener Zeit. Die Reste eines Flugzeugmotors zwischen Farn und Blaubeerbüschen zeugen vom Absturz der Maschine eines deutschen Kampfpiloten, der sich retten konnte. Die Insulaner halfen ihm, zum Dank überließ er ihnen die Seide seines Fallschirms, aus der eine Generation junger Frauen ihre Brautkleider nähte. Seine teure Armbanduhr tauschte er gegen eine nächtliche Passage nach Schweden.

Es war eines der harmloseren Ereignisse eines Krieges, in dem Estland zwischen den Fronten fast zerstört wurde. Im Sommer 1941 nahmen die russischen Truppen auf dem Rückzug vor den Deutschen alle Schiffe mit – und rund zwanzigtausend Esten. Ein vier Meter hohes Holzkreuz, ein Anker und zweiundvierzig kleine weiße Kreuze im Wald erinnern an die »Eestirand«, die am 24. August mit fast dreitausend Passagieren an Bord – Russen und Esten – auf dem Weg nach Leningrad von der deutschen Luftwaffe getroffen wurde. Zweiundvierzig Menschen wurden durch die Bombe getötet, viele wurden vom Schiff geschleudert und ertranken. Kapitän Boris Nelke nahm gegen den Befehl des sowjetischen Flottenkommandanten Kurs auf Prangli und ließ den hundertvierzehn Meter langen Frachter vor der Insel auf Grund laufen. Die Insulaner fuhren hinaus und halfen Nelke und seiner Crew, die zweitausendsiebenhundert Überlebenden an Land zu bringen. Die Toten wurden im Wald bestattet, das Wrack der »Eestirand »1946 gehoben und weggeschleppt.

1906 wurden hier und auf dem benachbarten Inselchen Keri Naturgasquellen gefunden. Sie bescherten Keri für eine Weile den einzigen mit Naturgas befeuerten Leuchtturm der Welt. Praglis Quelle war für eine solche Nutzung zu instabil, doch mittels eines fest montierten Rostes befeuert das Gas im Wald nun eine weitere estnische Leidenschaft: die fürs Grillen.

Bis zum Hals im Heilschlamm

Monumentale Anwendungen in Estlands Sommerhauptstadt Pärnu

Auf Bänken aufgereiht saßen wir in Bademänteln in einem Korridor des Spa Tervis und warteten auf unsere nächste Anwendung. Als der Zeiger der großen Uhr an der Wand auf die volle Stunde vorrückte, öffneten sich die Türen der nebeneinanderliegenden, nummerierten Behandlungsräume. In Kittel gekleidete Therapeutinnen traten heraus und winkten ihre Schutzbefohlenen in ihr Reich: weiß gekachelte Zellen mit Massagebett und Duschkabine. Die mir verordnete Schlammpackung fördere die Durchblutung und wirke entschlackend, erklärte meine resolute Pflegerin. Sie erwärmte den Heilschlamm, der aus dem See Ermistu stammte, auf wohlig heiße vierzig bis zweiundvierzig Grad, platzierte mich auf dem Bett, bedeckte mich mit einer dicken Schicht und verzurrte mich fest in einer Plastikhülle. Fürsorglich fragte sie, ob ich an Platzangst leide. Als ich verneinte, warf sie mir noch eine dicke Decke über, dann verschwand sie und überließ mich einem bewegungslosen zwanzigminütigen Dämmerschlaf.

Jäh klingelte ein Wecker, dann erschien die Pflegerin. Sie entpackte mich, wies mir den Weg ins Separee und begann dort, mittels eines Schlauches den verbliebenen Schlamm von meinem Körper zu entfernen. Neben der Säuberung diene diese Behandlung wiederum der Förderung der Durchblutung, erläuterte sie, während ich versuchte, dem wuchtigen Wasserstrahl auszuweichen und nicht darüber nachzudenken, welchen Anblick ich bieten mochte, wie ich da nur mit dem Spa-Schlüpfer bekleidet und von Morastresten bedeckt umherhüpfte. Bei diesem Prozedere war der Aspekt des Wohlfühlens und Entspannens praktischen Erwägungen ganz eindeutig nachgeordnet. Anschließend aber ging es im Bademantel für dreißig Minuten in den Ruheraum, wo es sich die Gäste – oder waren es doch eher Patienten? – in zwischen Topfpflanzen platzierten Liegestühlen bequem machten.

Das Spa Tervis wurde 1971 für erholungsbedürftige Kolchose-Arbeiter errichtet, die hier sozusagen im Akkord wieder fit und leistungsfähig gemacht wurden. Zwanzig Jahre später verwandelte es sich in ein hinreichend wohnliches Spa-Hotel mit knapp fünfhundert Betten. Wer sich hinter diesem Begriff aber das Flackern von Kerzen, exotische Wohlgerüche und Fußreflexzonenmassage bei sphärischen Klängen und schummerigem Licht vorstellte, staunte nicht schlecht, sich umgeben von blank gescheuerten Kacheln und ausgeleuchtet wie im Operationssaal in einer Emaillebadewanne liegend wiederzufinden.

Heute brennen hier auch Kerzen, doch 2004 vollendete man mit dem zwei Kilometer entfernten »Gesundheitsparadies« Tervise Paradiis eigens einen weiteren Wellnesstempel, der von Anfang an ein wenig schwelgerischer wirken sollte als das Traditionshaus. Tatsächlich geriet der mit zweihundertvierundvierzig Betten zumindest überschaubarer. Ein vierter Stern versprach zudem mehr Komfort. Monumental ist der Klotz gleichwohl. So besitzt er Pärnus höchstgelegene Bar – die »Romantic Bar« im achten Stockwerk.

Am Abend saßen wir auf dem Balkon unseres modernen und zweckmäßigen Zimmers aus hellem Holz im Medical Spa Hotel Tervis, schauten auf den Garten tief unter uns und die Küste dahinter und fühlten uns schon sehr erholt. Wir überlegten, ob es hier überhaupt zulässig sei, Alkohol zu trinken, als wir unten im Garten mehrere Grüppchen von Hotelgästen sahen. Sie saßen in Trainingsanzügen auf Bänken und zogen heftig an ihren Zigaretten. Auch wenn die sachlichen Korridore eher an eine Klinik erinnern mochten als an ein Hotel: Ihre Selbstbestimmung in gesundheitlichen Fragen mussten die Insassen anscheinend nicht aufgeben.

Seit hundertfünfzig Jahren schon kurieren die Menschen in Pärnu ihre Leiden mit Heilschlamm. Seinerzeit hatte ein kluger Gastronom die Idee, den Sommergästen auch bei schlechtem Wetter ein Bad im Meer zu ermöglichen – indem er ihnen eine Badewanne mit erwärmtem Meerwasser füllte. Das sprach sich schnell herum und sorgte für rasant wachsende Gästezahlen. So will es die Legende. Jedenfalls wurde in jenen Tagen auch die gesundheitsfördernde Wirkung des Schlammes aus estnischen Binnengewässern entdeckt. Langsam entwickelte sich ein wohlorganisiertes Kurwesen; es wurde weiter ausgebaut, durch ein ansprechendes kulturelles Angebot ergänzt und machte Pärnu bald zu einem der beliebtesten Ziele im Baltikum. Erst kamen russische Aristokraten, später sowjetische Parteifunktionäre, nach der Wende in großer Zahl die Finnen. Mancher ließ sich da auch gleich die Zähne machen, schließlich war hier für Reisende aus dem Westen alles außerordentlich preiswert.

An der Popularität Pärnus als Kurort hat sich nichts geändert. Auch wer keine Beschwerden verspürt, kommt gerne in die kleine Stadt an der Mündung des Flusses Pärnu. Vor allem im Sommer. Dann wird Pärnu mit seinen sechsundvierzigtausend Einwohnern die Hauptstadt Estlands. Symbolisch wird dem Bürgermeister der Stadtschlüssel Tallinns übergeben, und alles Geschehen verlagert sich an den fünf Kilometer langen und bis zu hundert Meter breiten Sandstrand, der sich erst jenseits der Stadtgrenzen in Schilflandschaft verwandelt.

Vom sommerlichen Treiben Pärnus, von den Cafés und Restaurants, an deren ins Freie geschafften Tischen und Stühlen dann kaum je ein freier Platz zu ergattern ist, von Strandpartys, die bis zum nächsten Morgen dauern, hörten wir bei unserem kurzen Kuraufenthalt nur. Es war kurz vor Ostern, doch an der estnischen Küste ging der

Winter gerade erst zu Ende. Die Bäume Pärnus waren kahl. Die Wege des Rannaparks, durch den wir auf dem Weg zum Tallinner Tor stapften, dem einzigen erhaltenen der Stadtbefestigung aus dem 17. Jahrhundert, pflasterten massive Eisschollen.

Selbst jenseits des alten Stadttors war noch eine weitere immense Grünfläche zu passieren, bevor wir die Altstadt erreichten. Diese präsentierte sich dann vergleichsweise übersichtlich. Die barocke, russisch-orthodoxe Katharinenkirche mit vier anmutigen Türmen, die kleine Fußgängerzone Rüütli, ein imposantes Postgebäude, noch eine Kirche, diesmal protestantisch; schließlich der Rote Turm, das älteste erhaltene Bauwerk der Stadt, das im 15. Jahrhundert errichtet wurde. Hatten wir schon alles gesehen? Auf jeden Fall waren wir sehr weit gelaufen. Wir verspürten Sehnsucht nach unserem sachlichen Zimmer. Außerdem erwarteten uns weitere Anwendungen. Nach unserer Rückkehr erschien es uns schon ganz normal, in Bademänteln auf dem Flur vor den Behandlungsräumen Platz zu nehmen und darauf zu warten, dass sich zur vollen Stunde alle Türen zugleich öffnen würden. Heute hatte mir die Pflegerin ein blubberndes Kräuterbad eingelassen. Ich sank in die riesige Wanne, die neben einigen anderen in einer Reihe stand. Vor den Fenstern schüttelten sich kahle Äste im Wind.

Alles surft

Ein Leben ohne Internet können sich die Esten nicht vorstellen

Der Kampf war kurz, heftig und blutig; am Schluss war einer der beiden Kontrahenten tot. Am Tag, nachdem die Eule in den Tiefen des estnischen Waldes ein Eichhörnchen gerissen hatte, entbrannte eine landesweite Debatte über das grausame Ende des Nagetiers. Erstaunlicher noch als die Emotionen, die das Schicksal des Eichhörnchens entfachte, war die Zahl der Menschen, die sein Ende am Bildschirm live verfolgt hatten. In ganz Estland sind in unberührten Winkeln von Wald, Flur und Küste Webkameras installiert, die auch Städtern erlauben, jederzeit Einblicke in den Alltag der heimischen Fauna zu nehmen. Wer auf der Seite www.looduskalender.ee vorbeischaut, kann Wildschweine bei der Nahrungsaufnahme beobachten, die Geschehnisse im Nest eines Seeadlers, das Treiben einer Robbe vor Saaremaa oder eben Eulen bei der Jagd. Das Programm ist so populär, dass sogar in Moskau gelegentlich ganze Büroetagen lahmgelegt sein sollen, wenn im Wald etwas Dramatisches passiert. In Estland sowieso, verbinden die Webkameras doch zwei hier weit verbreitete Leidenschaften: wilde Natur und das Klicken mit der Maus.

Die Kameras liefern nicht nur Wissenschaftlern

Informationen, sondern bringen auch Stadtmenschen dazu, stundenlang auf ein paar Bäume rund um eine Futterstelle zu starren und sich in Diskussionen über Schönheit und Grausamkeit der Natur zu verstricken – wie zum Beweis für die pädagogische These, dass es keine langweiligen Themen gibt, sondern nur langweilige Vermittlung.

»Schule kann so trocken sein«, weiß Sten Soosaar, Mitbegründer der Digitalisierung des estnischen Schulwesens. »Aber sobald man den Stoff anschaulich macht, sobald man den Schülern zeigt, warum sie etwas lernen sollen und was sie damit anfangen können, kann sogar Physik spannend sein. Wenn man nur von Vektor A und Vektor B spricht, ist es schwierig, die Kinder zu interessieren. Aber wenn man ihnen einen Film vorführt, der zeigt, wie Autoreifen auf trockener Straße reagieren und wie auf nasser, dann hören sie einem auch zu, wenn man erklärt, warum das so ist.«

Und wenn sie die Schule öde finden, nutzt man ihre Vorliebe für Computerbildschirme, um sie zurück in den Schoß der Lehranstalt zu führen.

Kein Zweifel, Sten Soosaar, Jahrgang 1970, wäre ein guter Lehrer. Dabei hat er seine beruflichen Wurzeln in der Finanzwelt. »Wäre ich bei der Bank geblieben, wäre ich längst grauhaarig«, erklärt er und lächelt verschmitzt. Er kündigte und wechselte in die Branche, in der das kleine Estland ein Gigant ist: Informationstechnologie.

Zunächst versuchte er, eine medizinische Datenbank aufzubauen, später verbrachte er eineinhalb Jahre in Washington, D.C. Zurück in Estland vernetzte er mit dem Unternehmen Koolitööde – hinter der Vokal- und Umlautballung verbirgt sich der Ausdruck »Schularbeit« – Schüler, Lehrer und Eltern. Was an vier Schulen in Tallinn begann, verband – später unter dem Namen eKool – bald zweihunderttausend tägliche Nutzer. Über eine Datenbank haben Schüler und Eltern Zugriff auf alle für sie bereitgestellten Daten. Lehrern ersetzt das Portal außerdem Klassenbuch und Curriculum: Alle relevanten Daten, die die Schüler und Unterrichtsinhalte betreffen, sind auf einem zentralen Server gespeichert.

Wenn sich heute kein Schüler mit der Ausrede, er habe vergessen, die Hausaufgaben aufzuschreiben, vor der Heimarbeit drücken kann, dann ist das auch dem fröhlichen Sten zu verdanken, der unterdessen in die Finanzwelt zurückgekehrt ist. Das Programm von eKool erfasst nicht nur Lehrpläne und nur für den betreffenden Schüler und seine Eltern zugängliche Notenaufstellungen, sondern auch die täglichen Hausaufgaben jeder Klasse. Wenn Eltern wissen möchten, ob ihr Kind vormittags in der Schule war oder im Einkaufszentrum, schauen sie auf die App »Abwesenheitskontrolle«. Sie können sehen, ob ihr Kind alle Hausaufgaben gemacht und wie es beim letzten Test abgeschnitten hat. So scheint eKool trotz aller Vorteile für Schüler auch Züge eines wahr gewordenen Albtraums zu haben – und ist zugleich das ganze Glück kontrollfreudiger Eltern.

»Am Anfang wurde kontrovers diskutiert, dass die Schulen Informationen an die Eltern weitergeben«, sagt auch Sten. »Aber es war schnell klar, dass die Vorteile überwiegen.« Die Kommunikation zwischen Schülern und Schule sei ebenso wie die zwischen Eltern und Schule durch die computergestützte Organisation des Schulalltags intensiviert worden. »Früher mussten die Eltern einen Termin mit dem Lehrer machen, wenn sie wissen wollten, was der von ihrem Kind hält. Jetzt werden wesentlich mehr Informationen ausgetauscht, wenn ein Problem auftaucht, wird sofort darüber gesprochen.« Auch für russischsprachige Eltern sei es oft leichter, Estnisch zu lesen als zu sprechen, sodass diese mehr über die Fortschritte ihrer Kinder erfahren. Und dass es Kindern schwerer gemacht wird, zu schwänzen oder mit den Hausaufgaben zu schlampen, sei nicht wirklich zu beklagen.

Bildung besitzt in Estland einen besonders hohen Stellenwert. Das Gefühl, als kleine Nation besonders leistungsfähig sein zu müssen, ist Teil der estnischen Identität. Und so hat Estland schon Ende der neunziger Jahre damit begonnen, sein Bildungssystem so umzugestalten, dass der Nachwuchs sich problemlos in einer Gesellschaft zurechtfindet, die auf die meisten Informationen in der Geschichte der Menschheit zurückgreifen kann und damit auch umgehen können muss.

Die computergestützte Planung des Schulalltags begann bereits im Jahr 2002. Das Projekt war damals Teil der durch estnische Banken und Telefongesellschaften finanzierten Stiftung »Look@ World«. Ziel dieser Stiftung war, die Esten mit Informationstechnologie vertraut zu machen und ihnen noch auf der entlegensten Insel Zugang ins Internet zu ermöglichen. Bis 2004 sollten hunderttausend Erwachsene Grundkenntnisse im Umgang mit Computern und Internet erworben haben. Das gelang: Am 31. März desselben Jahres hatten fast hundertdreitausend Esten mit Erfolg an der Schulung teilgenommen. Heute sind achtzig Prozent der Esten regelmäßig im Netz unterwegs.

Den Schulen entstehen durch die Teilnahme an eKool nur geringe Kosten; sehr kleine Schulen zahlen nichts, mittlere fünfzig Euro im Monat, große müssen einen Tarif vereinbaren. Für Schüler und Eltern ist die Nutzung kostenfrei. Zusätzliche Apps für die Eltern sind gebührenpflichtig; 1,65 Euro pro Monat und Familie für das Zusatzpaket mit Abwesenheits- und Notenkontrolle, dem wöchentlichen Notenbericht und der Erinnerung an Tests und Klassenarbeiten sind jedoch nicht teuer. Mit Computern sind estnische Schulen ohnehin bestens ausgestattet. 2009, mitten in der Wirtschaftskrise, stellte die Regierung trotz Etatkürzungen für die Hälfte aller Lehrer neue Laptops bereit. Auch eine entlegene Insel wie Ruhnu, die nur vierzig Einwohner und eine Handvoll Schüler hat, besitzt für ihre Zwergschule Computer mit – logisch – Internetzugang.

Für die Schüler der an eKool teilnehmenden Schulen ist der Besitz eines Computers zwar wünschenswert, aber nicht Pflicht. Ansonsten haben die Kinder auch per Handy Zugriff auf die im Netz für sie bereitgestellten Daten. Weil fast jeder Este mindestens ein Smartphone besitzt – bei Schülern geht man von einer hundertprozentigen Versorgung aus –, kann auch jedes Kind per Internet auf das Bildungsportal zugreifen.

eKool war nur eines der Projekte zur raschen Digitalisierung der Republik. »Tallinn ist die IT-Metropole schlechthin«, weiß Kay Peter Bischoff. Der deutsche Hotelier lebt seit 2002 in Estland und führte in Tallinn die Fünf-Sterne-Häuser »Schlössle« und »St. Petersbourg«, bevor er das Boutique-Hotel »The Regent« eröffnete. »Estland hat von Anfang an konsequent in die Zukunft investiert. Heute gibt es hier auch im tiefsten Wald superschnelles Internet. In Deutschland reden alle über den Mobilfunkstandard 5G, hier denkt man an 10G«, so Bischoff.

»Wir kommen gar nicht auf die Idee, zu einer Behörde zu gehen, um eine Unterschrift zu leisten«, erklärt auch Kaarel Korjus, der in Tallinn ebenfalls in der Hotellerie arbeitet, die praktischen Realitäten des Lebens in der digitalen Republik. »Stattdessen machen wir alles online, mit unserem Ausweis und einem Zugangscode.« Blitzschnelle Glasfaserleitungen erledigen den Rest.

Sich schnell auf Neues einzustellen, ist Teil der estnischen DNA. Dank dieser Fähigkeit konnte das kleine Land Jahrhunderte der Fremdherrschaft überstehen, ohne seine Identität einzubüßen. Als Estland 2004 Mitglied der EU und der NATO wurde, galt der junge Staat wirtschaftlich bereits als baltischer Tiger, der auch nach der Krise 2008 schnell wieder aufstand. Im selben Jahr wurde in Tallinn das »Cooperative Cyber Defence Centre of Excellence« der NATO aufgebaut. Seither hat Estland seine Pionierstellung in den Bereichen IT und Cybersicherheit ständig ausgebaut.

Die Parlamentssitzungen ihrer Volksvertreter verfolgen die Esten seit Jahren selbstverständlich live im Netz, ihre Abgeordneten stimmen per Mausklick ab und arbeiten seit dem Jahr 2000 ohne Papier. Steuererklärungen werden online eingereicht, Internetbanking ist Standard.

Auch mit Smartphones wussten die Esten immer mehr anzufangen als andere Nationen. Auf Parkplätzen sah man die Hauptstadtbewohner in ihre Handys tippen, als Angehörige anderer Nationen noch annahmen, Mobiltelefone seien für Ferngespräche gedacht. Doch für die Esten waren Parkscheine bereits ein Phänomen von vorgestern; längst bezahlten sie ihre Parkzeit per SMS.

Die Software für den Internet-Telefondienstleister Skype wurde 2003 von den estnischen Programmierern Ahti Heinla, Priit Kasesalu und Jaan Tallinn entwickelt – in Tallinn. Zwei Jahre zuvor hatten die drei mit der Entwicklung der Filesharing-Software KaZaA bereits einen estnischen IT-Welthit gelandet.

Sten Tamkivi, ein 1979 geborenes estnisches Computer-Wunderkind, war früh in seiner Karriere Manager von Skype Estland. Tamkivi hatte sich als Programmierer und Webdesigner selbständig gemacht, als er bei der Arbeit an einem Portal die späteren Gründer von Skype, den Schweden Niklas Zennström und den Dänen Janus Friis (die wiederum ebenfalls an der Gründung von KaZaA beteiligt waren), kennenlernte. Tatsächlich hatte er selbst bereits mit achtzehn Jahren sein erstes Software-Unternehmen gegründet. 2005 wechselte er zu Skype, später spielte er in anderen globalen Unternehmen führende Rollen und beriet unter anderem den ehemaligen estnischen Präsidenten Toomas Hendrik Ilves zu Themen wie IT-Bildung und Start-ups.

Denn an weiteren Innovationen wird in Estland – natürlich – immer gearbeitet.

Leben an der Grenze

Das Wasser teilt zwei Welten: Am Peipus-See

Ein Paket Kaffee, Bier, Zigaretten, Weißbrot, Pressfleisch, Shampoo für blondiertes Haar und Benzin fürs Feuerzeug liegen auf dem Laufband an der Kasse des kleinen Supermarkts. In Alatskivi, einem wenige Kilometer vom Peipus-See gelegenen Dorf, deckt man sich an diesem Samstagvormittag mit allem Nötigen fürs Wochenende ein.

Draußen fahren unentwegt Autos vor und wieder weg. Die Sonne scheint, ein leichter Wind weht: Es ist perfektes Ausflugswetter.

Dennoch wird man an den Ufern des nahen Peipus-Sees fast niemandem begegnen. Zum einen liegt das an seiner Größe: Mit dreitausendfünfhundertfünfzig Quadratkilometern Fläche ist er einer der größten Seen Europas – der fünftgrößte, um präzise zu sein. Die Menschen, die sein warmes Wasser dem der kalten Ostsee vorziehen, haben hier wesentlich mehr Platz zum Planschen als im gemeinen mitteleuropäischen Badesee. Am Nordufer, rund um Kauksi, sogar an riesigen Stränden. An seinen südlichen Gestaden, wohin sich selten Fremde verirren, sowieso.

Der Peipus-See trennt zwei Länder und zwei Welten – trotz sprachlicher Gemeinsamkeiten. An seinem westlichen Ufer liegt Estland, am östlichen Russland, die Trennungslinie verläuft im Wasser. Wie fast die gesamte Grenze Estlands nach Osten von Wasser markiert wird, nämlich dem des Flusses Narva und dem dieses Sees. Dass die Ufer des Peipus-Sees einsam sind, liegt aber auch daran, dass er touristisch viel Konkurrenz hat. Seen und Wasser sind reichlich vorhanden in Südestland, unberührte Natur auch. Und so kann man sich hier leicht fühlen, als hätte man die Gegend selbst entdeckt – oder wäre womöglich ganz aus der Zeit gefallen und irgendwo in der Vergangenheit gelandet. Mal in der jüngeren, manchmal in sehr ferner.

Russland ist nahe, und die meisten Menschen, die am Ufer des Sees leben, sind russischsprachig, hüben wie drüben. In Kolkja und den beiden Nachbardörfern sollen es sechsundneunzig Prozent sein. Das liegt ausnahmsweise nicht in der sowjetischen Siedlungspolitik begründet, sondern wurzelt im beginnenden 19. Jahrhundert, als zahlreiche Altgläubige aus Russland flohen und sich hier niederließen.

Eine eher notdürftig asphaltierte Straße führt von Alatskivi nach Kolkja. Ein paar Störche spazieren durch die Wiesen, sonst nimmt niemand diese Richtung. Kolkja ist ein Straßendorf, genau wie die beiden Nachbargemeinden Kasepää und Varnja. Die bunten Holzhäuser dieser Sprengel scheinen aus einer anderen Welt zu stammen – die einzige sichtbare Verbindung zum 21. Jahrhundert bilden die gewaltigen Satellitenschüsseln, mit denen fast jedes Haus ausgestattet ist. In den Vorgärten sind Hunde angebunden, die in der Sonne dösen und nur wild zu bellen und zu zerren beginnen, wenn man sich den in ihr Herrschaftsgebiet fallenden Häusern oder Booten nähert. Die Friedhöfe der Dörfer sind gespickt mit altorthodoxen Kreuzen.

Stark blondierte junge Mädchen schlendern am See entlang. Wie überhaupt alles in diesen Dörfern am See entlang geschieht. Blick aufs Wasser ist auf dem hiesigen Immobilienmarkt ganz offensichtlich ein Imperativ. Und es hat den Vorteil, dass es niemand weit zur Arbeit hat. Die Menschen leben hier heute wie seit jeher vom Fischfang. Zehntausend Tonnen Fisch werden jedes Jahr aus dem Peipus-See gezogen. In Kolkja und den Nachbardörfern ergänzt man ihn mit Gemüse – vor allem mit Zwiebeln.

Vor fast jedem Haus steht ein Tisch, auf dem für die spärlichen Tagesgäste Zwiebeln zum Kauf angeboten werden. Auf flachen Gerüsten liegen sie überall zum Trocknen ausgebreitet. Auch Räucherhäuser sind zahlreich vorhanden und in Gebrauch. Die Luft riecht nach nassem Hund und Räucherfisch. Man ahnt, dass es im Winter häufig Fisch mit eingelegten Zwiebeln geben wird.

Hinter den Zwiebel-Tischen sitzen alte Weiblein, in lange Kleider gehüllt. Sie leben wieder nach den Traditionen der priesterlosen Altorthodoxen, nachdem sich die Zahl der Altgläubigen am Ufer des Sees zur Sowjetzeit mindestens halbiert hatte.

Fünfzehntausend gibt es heute in Estland und elf altorthodoxe Gebetshäuser.

Wie jede Form der Religiosität war auch diese während Estlands Zeit als Sowjetrepublik nicht gerade gefördert worden – oder vielmehr Objekt massiver Gegenpropaganda. In recht geläufigem Deutsch, das sie einstmals in der Schule erlernte, erläutert Führerin Anna im »Museum der russischen Altgläubigen« in Kolkja, was diesen Glauben vom russisch-orthodoxen unterscheidet. »Wir haben keinen Priester, sondern nur einen Geistlichen, der tauft, die Beichte abnimmt und Beerdigungen vornimmt«, erklärt sie. Trauungen gehören nicht zu seinem Repertoire, denn die Menschen in Kolkja gehören einem radikalen Zweig der Altgläubigen an, der die Ehe für unnötig hält.

Priester gibt es nicht mehr, weil nach dem alten Glauben ab dem späten 17. Jahrhundert keine mehr ordiniert wurden – nachdem die letzten verstorben waren, waren die Gemeinden auf Laien angewiesen. Das Museum in einem Holzhaus, in dessen Garten eine Frau an einem Tisch sitzend schlichte Textilien verkauft, erzählt anhand von Alltagsgegenständen aus dem Leben der Altgläubigen. Ein weißes Taufkleid für Mädchen mit rosa Rand liegt neben dem weißen mit Blumen bestickten Tuch, mit dem die Frauen sich zu Ostern und Pfingsten schmücken. Ansonsten tragen sie Schwarz. Erst das Totengewand der Frauen ist wieder weiß und rosa, das der Männer hingegen schwarz.

Auf einem Tisch liegt aufgeschlagen der Kirchenkalender. In kyrillischer Schrift sind hier die Namen der Heiligen aufgeführt, die die Kinder der Altgläubigen bekommen. Bei einem Knaben können die Eltern einen Namen aus der ersten Lebenswoche aussuchen, bei einem Mädchen kommen die Namen der Woche vor und der Woche nach dem Geburtstag infrage – weil der Kalender weniger Mädchen- als Jungennamen enthält.

Die Einrichtung zeugt von häuslicher Gemütlichkeit. In der Ecke steht eine alte Nähmaschine aus dem Hause Singer, auf einer Kommode ruht ein Samowar. Ein Foto auf dem Sofa zeigt den Dorfältesten. Das einfache Dasein scheint Langlebigkeit zu befördern: Ein anderes Bild zeigt eine rüstige Dame von hundertein Jahren.

Die Altgläubigen der russisch-orthodoxen Kirche bewahren die frühen Kirchentraditionen und lehnen die Reformen ab, die Patriarch Nikon unter Zar Alexei Michailowitsch zwischen 1650 und 1660 einführte, um den Ritus ihrer Kirche an die griechisch-byzantinische Praxis anzupassen. Manche der Änderungen mögen einem zumindest aus heutiger Sicht als Petitessen erscheinen. Zu den Reformen gehörte etwa, Prozessionen gegen die Sonne abzuhalten, nicht mit ihr im Rücken, und das Kreuzzeichen mit drei geraden und zwei gekrümmten Fingern zu schlagen statt umgekehrt. Hinzu kamen neue Formulierungen und Schreibweisen in den liturgischen Texten. Doch weil es wie bei religiösen Streitereien üblich um die Frage ging, welcher Weg zur Seelenrettung führte und welcher direkt in die Hölle, entbrannte um die Reformen ein Zwist auf Leben und Tod. Ab 1667 begann die Flucht der Altgläubigen vor Mord und Verfolgung. Sie wanderten nach Polen, Litauen, Schweden, Preußen, nach China, Japan und in die Türkei aus.

Wer nach Estland an den Rand des Russischen Reiches floh, war dem langen Arm des Zaren damit aber nicht entkommen. Unter Zar Nikolaus I., der ab 1820 den Bau neuer Gebetshäuser verbot und bestehende kurzerhand versiegeln ließ, begannen neuerlich schwere Repressalien. Am 17. April 1905 wurde schließlich ein Gesetz erlassen, das die »Freiheit der Beichte« vorsah – und damit die Wahl der Spielart christlicher Religion dem Einzelnen überließ. Mit der Unabhängigkeit Estlands 1918 erhielten auch die zehntausend Altgläubigen, die seinerzeit im Land lebten, das Wahlrecht.

Doch schon während der Sowjetzeit seien dann nur noch Frauen und Alte in die Gebetshäuser gegangen, erzählt Anna. Was die Männer und Jungen in jenen Jahrzehnten machten, kann man sich nur schwer vorstellen. Schließlich klebten damals noch keine Satellitenschüsseln an den Häusern, und außer Fischfang und bescheidenem Gemüseanbau war sehr wenig zu tun am Seeufer. Anfang der neunziger Jahre sei das Interesse der Menschen an ihren religiösen Wurzeln dann wieder gewachsen, sagt die Führerin und öffnet die Tür, um weitere Besucher einzulassen.

Heute ist die große Mehrzahl der estnischen

Altgläubigen in neunzehn Dörfern am Ufer des Peipus-Sees zu Hause. In Kolkja, einem Zentrum der Altorthodoxen, und den beiden Nachbardörfern existieren keine Spuren von Tourismus. Es gibt keine Geschäfte. Es gibt nichts zu kaufen außer Gemüsezwiebeln und Knoblauch am Straßenrand, hier und da auch etwas Kohlrabi und, vor einem Haus, sechs Paar handgestrickter Socken, an einer Leine hängend. Alte bunte Holzhäuser wechseln sich ab mit Häusern aus Feldstein und vereinzelten modernen Fertigbauten. Die Luft ist voller Fliegen, Bremsen und Kohlweißlinge. Bachstelzen hüpfen umher. Schmale Kanäle dienen als Zufahrten zum See, der zweihundert Meter neben der Straße bewegungslos liegt und erst am Horizont endet.

Es ist das friedliche Bild einer Sommeridylle, die den einsamen Winter nie ganz vergisst. Brennholz ist bereits überall zu akkuraten, rhombenförmigen Stapeln geschichtet. Die meisten der wenigen Autos, die unterwegs sind, sind riesige Geländewagen, die im Winter auf den Schotterpisten der Dörfer gewiss nützlich sind. Landmaschinen sieht man nicht: Die Gemüsebeete werden von Hand bearbeitet.

Aus einem leeren Boot wuchern Sommerblumen, ein Zaun wird repariert, ein junger Vater schiebt mit ernstem Stolz einen Kinderwagen vor sich her. In Varnja, wo ein Gebetshaus neben der Straße zerfällt, endet die Straße schließlich in einem Garten – und ein bisschen scheint hier auch die Welt zu enden. Von hier aus lässt sich die Küste in Richtung Süden nur mehr zu Fuß oder per Boot erkunden.

Vergleichsweise urban geht es weiter nördlich zu. Da kommt es auch immer noch vor, dass Menschen aus dem Ausland zuziehen. Wie Marja Korpimäki, eine Finnin, die in Alatskivi ein Restaurant und außerhalb ein kleines Hotel betreibt. Im Restaurant serviert sie frische Pfifferlinge mit Kartoffeln und Zander aus dem Peipus-See. Die Wände zieren Aquarelle, die den See zeigen – Arbeiten eines befreundeten Künstlers, der in Kallaste zu Hause ist und immer wieder die Steilküste gemalt hat. Seit acht Jahren lebt sie schon hier. »Es passierte einfach«, erklärt sie. Womöglich war es wirklich so. Vielleicht übt sie sich aber auch in der Schweigsamkeit, die die Esten sich selbst gerne nachsagen.

Kallaste, die Heimat eines zweihundert Jahre alten Gebetshauses, ist mit tausendeinhundertfünfzig Einwohnern quasi die Metropole des westlichen Peipus-Ufers. Das liegt hier nicht zwischen Schilf versteckt, sondern am Fuß einer Steilküste. Was allerdings nichts mit hohen Klippen und gefährlichen Abgründen zu tun hat. Fünf, sechs Meter mag sich die Küste aus rotem Sandstein über dem Seeufer erheben, und wenn man nicht gerade nachts betrunken mit dem Auto hinabfährt, droht wenig Gefahr. An der Promenade oben stehen Aussichtsbänke, unten liegt Geröll. Dass die Stadt sich recht flächig ausbreitet, merkt man daran, dass man den See erst nach einigem Gekurve findet.

Dabei geht es durch die Außenbezirke des kleinen Kallaste: weite, unbebaute Flächen, durch die sich unbelebte Straßen ziehen; unsagbar marode Mietskästen, deren Verkleidungen sich in unterschiedlichen Stadien des Verfalls befinden, verwahrloste Balkons mit den unvermeidlichen Satellitenschüsseln. Einmal mehr muss man sich fragen, ob grandios hässliche Architektur die einzige dauerhafte Leistung des real existierenden Sozialismus bleibt. Die Menschen, die hier leben, müssen viel auf den See hinaus träumen, um sich mit der Ästhetik ihrer unmittelbaren Umgebung versöhnen zu können. Schöner sieht es am Ufer aus: Hat man es erst einmal gefunden und das Auto auf einem großen, verlassenen Parkplatz abgestellt, kann man die Augen auf hübschen Holzhäusern an der Küste ruhen lassen. Oder auf dem See. Bewegungslos liegt er unter hellblauem Himmel. Drüben, hinter dem Horizont, schweigt Russland.

Ziviler Ungehorsam

Kamingeschichten aus Tallinns Vergangenheit

Es spukt in Tallinn. Noch in den neunziger Jahren wurden in einer Schule in der Altstadt geisterhafte Nonnen gesehen. Im Mägdeturm der Stadtbefestigung soll gelegentlich ein Mönch erscheinen, der einen Pokal Wein in der Hand hält. Natürlich ist nichts von alledem verwunderlich – allenfalls die Tatsache, dass der Mönch ausgerechnet in diesem Turm umgeht, der früher ein Gefängnis für Prostituierte gewesen sein soll. Doch warum sollte ein Ordensmann nicht Wein trinken? Und es ist auch nicht schwer vorstellbar, dass der eine oder andere nach seinem Ableben mit einer lieben Gewohnheit nicht brechen mag. Fast schon logisch will erscheinen, dass in einer mittelalterlichen Stadt auch noch ein paar Schatten aus längst vergangener Zeit unterwegs sind. Von der vier Kilometer langen Stadtmauer mit sechsundvierzig Türmen, die Tallinn im Mittelalter vor Angreifern schützte, ist noch etwa die Hälfte erhalten – eine ideale Kulisse für Geister, und eine genauso gute, um sich Geistergeschichten auszudenken. Nicht selten erweisen sich Legenden sogar als wahr. Dass der Domberg von einem Netz geheimer Gänge durchzogen wird, galt lange lediglich als Gerücht. Dann wurden 2003 bei Bauarbeiten tatsächlich Tunnel entdeckt, die schon im 17. Jahrhundert als Rückzugsort vor Angreifern angelegt worden waren. Einige andere waren allerdings nie wirklich vergessen worden und dienten noch im Zweiten Weltkrieg als Bunker.

Seit jeher aber erzählen estnische Mythen und Märchen von merkwürdigen Geschehnissen in der dunklen Jahreszeit. So ist da zum Beispiel die Geschichte von dem bösartigen Gnom, der am See Ülemiste haust und es auf Tallinn abgesehen hat. Wenn die Stadt erst fertig ist, dann lässt er den See, aus dem die arglose Stadt ihr Wasser bezieht, über die Ufer treten und Tallinn von einer Flutwelle überschwemmen, die alles vernichtet. So hat er es sich überlegt. Der Ülemiste-See liegt sechsunddreißig Meter über dem Meeresspiegel und somit höher als die Unterstadt. Möglich wäre ein solches Komplott also. Glücklicherweise aber ist die Hauptstadt so arglos nun doch nicht. Wenn der garstige Gnom alljährlich an einem finsteren Herbstabend am Stadttor vorspricht, um sich zu erkundigen, ob Tallinn denn nun endlich fertiggestellt sei, hat der Stadtwächter strikte Order, ihm einen negativen Bescheid zu geben: »Nein, nein, Tallinn ist noch lange nicht fertig! Irgendetwas ist doch immer noch zu bauen, zu richten und zu hämmern an solch einer Stadt.« Darauf schüttelt das Männchen verdrossen den Kopf, murmelt etwas Unverständliches und zieht wieder ab.

Auch zu schlagfertigen (und treffsicheren) Stadtwächtern gibt es die passende Legende. Sie behandelt den Alten Toomas, das Maskottchen der Stadt, das als Bogenschütze die Wetterfahne auf dem Rathaus ziert. 1530 wurde der erste auf den vierundsechzig Meter hohen Turm des gotischen Rathauses gesetzt. Ein lebendiges Vorbild hatte er in einem kecken Knaben, der sich der Überlieferung zufolge in den örtlichen Schützenwettbewerb eingemischt hatte. Alljährlich im Frühjahr machten die Söhne der Honoratioren diesen Wettkampf unter sich aus, bei dem jenseits der Stadtmauern ein auf einem hohen Pfahl montierter hölzerner Papagei mit Pfeil und Bogen abgeschossen werden musste. Schauplatz des Spektakels war Kalamaja, seinerzeit eine Vorstadt, heute ein innenstädtisches Viertel mit hübschen, nunmehr historischen Holzhäusern. In jenem Jahr im ausgehenden 15. oder frühen 16. Jahrhundert wollte es keinem der Bürgersöhne gelingen, den Papagei zu treffen. Da trat Toomas vor, ein einfacher Junge aus dem estnischen Volk. Er zielte, schoss seinen Pfeil ab, der Papagei stürzte zu Boden. Ruhm und Ehre brachte der Treffer ihm indessen erst später ein. Zunächst musste er sich einige Strafpredigten anhören, hatte er doch den ehrbaren Schützen den Spaß verdorben und sie außerdem auch noch vorgeführt. Der Bürgermeister hingegen besaß Weitblick, lobte den Knaben und ließ ihn auf Kosten der Stadt ausbilden. Er wurde Stadtwächter, erwarb in dieser Funktion höchstes Ansehen, schickte im Rahmen seiner Tätigkeit wohl auch manches Mal den Gnom von Ülemiste zu seinem See zurück und diente schließlich, als eine Wetterfahne auf dem Turm des Rathauses angebracht wurde, als Modell. Anderen Quellen zufolge wurde er Soldat und schlug sich tapfer in diversen Schlachten. Erst nach seinem Tod soll man nach dieser Version eine überraschende Ähnlichkeit der Figur auf der Wetterfahne mit Toomas festgestellt und diese nach ihm benannt haben.

Wie dem auch sei, Toomas war in diesem Stadium bereits eindeutig eine Respektsperson, der wichtigste Informationen anvertraut werden konnten. Die Wetterfahne zeigte mit der Windrichtung nämlich auch an, welche Schiffe in den Hafen der Stadt einlaufen würden, die damals Reval hieß und Mitglied des Bundes der Hanse war. Wehte er von Westen, brachte er Lieferungen aus Westeuropa – seinerzeit vor allem Salz, das nicht nur zum Pökeln eigener Nahrungsmittel genutzt, sondern auch nach Osten weiterverkauft wurde. Von Osten kamen die Schiffe aus Russland, die Honig, Leinen und Pelze geladen hatten. Dass der Weg zu Ruhm, Ansehen und Erfolg bisweilen einen Umweg über den zivilen Ungehorsam erfordert, ist vermutlich nicht zufällig eine Lehre, die die traditionell aufsässigen Esten aus der Geschichte des jungen Toomas ziehen können.

Spuren im Schnee

Und ein Spuk dazu: Begegnungen im Soomaa-Nationalpark

Kleiner als ein Fuchs, aber größer als eine Katze ist der Moortroll. Nur selten zeigt er sich den Menschen, die bei ordentlicher Führung aber sowieso nichts von ihm zu befürchten haben. Denn zu guten Menschen ist der *Sookoll,* wie er auf Estnisch heißt, gut; nur die schlechten ärgert er gerne. So lernen es schon die Kinder in Estland.

Eine Treppe führt auf dem Ingatski-Wanderweg des Soomaa-Nationalparks in das Reich des Trolls. Dort endet der ein Kilometer lange Steg, der an der Straße beginnt; das Moor liegt hier vor dem Wanderer wie eine acht Meter hohe Mauer. Oben öffnet sich der Blick auf eine andere Welt: Der dichte Wald ist verschwunden, die Mücken, Quälgeister des estnischen Sommers, ebenfalls. Birken und Pinien erheben sich aus der Weite, die von einem Gestrüpp aus Blaubeer-, Maulbeer- und Preiselbeerbüschen bedeckt ist. Darunter liegt ein dicker, weicher Teppich aus Moos.

Ein Wachturm, der einst den Sowjets gehörte, dient heute als Aussichtspunkt. Vor wenigen Jahren wurde er per Hubschrauber hergebracht, nachdem die sowjetischen Truppen Estland verlassen hatten. Von oben blickt man in die Ewigkeit.

Jenseits des Stegs gibt es keine Hinweise auf die Existenz des Menschen. Blaue Libellen tanzen in der Luft, außer Vogelstimmen ist nichts zu hören. Dass hier des modernen Esten Heiligtum – sein Mobilfunknetz – minimale Schwächen zeigt, erscheint wie ein Beweis dafür, dass es dem Menschen schlussendlich nicht gelingen will, die Natur zu unterwerfen. Wirklich überraschend wäre es da auch nicht, wenn zwischen Büschen und Gestrüpp ein kleiner Troll umherhuschte.

Während der wärmeren Jahreszeit bleibt am Boden kaum mehr zu tun, als ein paar Beeren zu pflücken und dem Holzsteg zu folgen, der zu drei miteinander verbundenen Seen führt. Bei Hitzeschüben kann man sich hier erfrischen. Den Ein- und Ausstieg aus dem Torftümpel, dessen Wasser relativ warm ist und sehr sauber, fast steril, weil Bakterien sich im sauren Moor nicht wohlfühlen, erleichtern stabile Holzleitern. Im Winter aber, wenn der Boden gefroren und zumeist auch tief verschneit ist, kann man mit Schneeschuhen oder Langlaufskiern den Spuren von Tieren folgen – kreuz und quer durchs Moor.

Ein Viertel des Nationalparks ist von Hochmoor bedeckt – insgesamt hundertzehn Quadratkilometer. Während das niedriger gelegene Land recht trocken ist, sind seine Sümpfe mit Wasser vollgesogen wie Schwämme. Jedes Moor im Park ist das Territorium eines Wolfsrudels. Die Tiere nutzen es nicht zur Jagd – hier sind nur wenige Beutetiere zu finden –, sondern als Rückzugsgebiet. Die Moore sind abgelegen und selbst für Nationalparkverhältnisse besonders einsam. Ideales Terrain also für die Aufzucht von Jungtieren.

Der einzige natürliche Feind der zweihundert Wölfe, die derzeit in drei Rudeln im Nationalpark leben, ist der Mensch. Dass es hier zu Beginn der neunziger Jahre noch siebenhundert Wölfe gab, wird indessen nicht auf Eingriffe des Menschen zurückgeführt, sondern auf natürliche Schwankungen. »Zeitweise lebten in ganz Estland nur ein paar Dutzend Wölfe«, erzählt Aivar Ruukel, der seit 1993 mit Naturliebhabern Moore und Wasserwege des Nationalparks erkundet und im Winter mit ihnen den Spuren der Wölfe im Schnee folgt. Der studierte Landwirt bildete sich in Schweden fort, als das Sowjetreich zerfiel. Als er zurückkehrte, begann der 1993 ausgewiesene Nationalpark quasi im Garten seiner Eltern, und er hatte das Gefühl, dass ihn die Landwirtschaft doch nicht so sehr interessierte. Zunächst arbeitete Aivar als Übersetzer; Schweden sandte Landmaschinen und Agrartechnologie mit schwedischsprachigen Anleitungen, die ins Estnische übertragen werden mussten. Immer häufiger aber betätigte er sich auch als Guide. So gründete er seine Firma soomaa.com, die Touren in den Park anbietet: zu Fuß, mit dem Boot, auf Schneeschuhen oder Skiern.

Auch gejagt wird im Winter, wenn auch nicht innerhalb der Grenzen des Nationalparks. Der Mensch bedient sich seiner Vorteile dabei in einer Weise, die einem ungerecht erscheinen mag – und das nicht nur, weil Wölfe für gewöhnlich unbewaffnet sind. Auch die Jäger suchen die Spuren der Tiere im Schnee. Wissen sie, in welchem Waldstück sie sich aufhalten, wird das mit einem langen Seil, an dem kleine rote Fahnen befestigt sind, auf einer Höhe von sechzig Zentimetern eingezäunt. Nur ein kleiner Teilabschnitt bleibt offen. Die Wölfe fürchten die flatternden Wimpel, sodass sie weder darüber springen noch unter dem Seil durchlaufen. Wird nun rings um den Wald kräftig gelärmt, laufen die Tiere hinaus – an der einzigen Stelle, die frei ist von roten Fähnchen. Dort wartet dann der Jäger.

Normalerweise bekommt man die scheuen Tiere kaum zu sehen. Sogar Aivar, der vermutlich mehr Zeit wandernd und paddelnd in Soomaa verbracht hat als die meisten anderen Menschen, ist nur ein einziges Mal Wölfen begegnet. Zwei Exemplare liefen vor seinem Wagen geradewegs über die Straße. Aivar war genauso verblüfft wie die beiden finnischen Gäste, die mit ihm im Auto saßen. »Es war mitten am Tag, ich hätte niemals damit gerechnet.« Auch einen Braunbären sah er nur einmal – und wieder vom Auto aus. »Luchse habe ich schon öfter bei Wanderungen gesehen, das passiert immer mal wieder.«

Nach der zweiten Unabhängigkeit Estlands wurden 1993 drei Nationalparks angelegt – neben dem bereits bestehenden, dem Lahemaa-Nationalpark im Norden, waren das Karula nahe der lettischen Grenze, Vilsandi auf Saaremaa und eben Soomaa, was treffend »Morast« bedeutet. 1994 folgte der Matsalu-Nationalpark. Im Schutzgebiet Soomaa sind außer fünfundvierzig Säugetierarten auch hundertsiebenundsechzig Vogelarten heimisch. Hier sieht die Landschaft so aus wie seit Jahrhunderten. Lehmhaltige Böden und Moore eigneten sich nicht für die Landwirtschaft, und so hat der Mensch hier kaum eingegriffen. Die sieben Flüsse, die durch Soomaa fließen, wurden niemals umgeleitet oder kanalisiert, sondern fließen in ihren angestammten Betten zwischen natürlichen Ufern. Flüsse und Sumpfland haben die Landschaft und das Leben darin geprägt: Zur Zeit der Schneeschmelze treten die Flüsse so massiv über die Ufer, dass sich Weiden und Wiesen in Seen von bis zu hundert Quadratkilometern Größe verwandeln und Straßen und Brücken jede Bedeutung verlieren.

Die Initiative einer Gruppe Biologen von der Uni Pärnu zur Gründung der Nationalparks ging nach der Unabhängigkeit auch deshalb rasch vonstatten, weil es keine privaten Landbesitzer gab, deren Einwilligung einzuholen gewesen wäre. Menschen lebten zwar im Park; Häuser durften sie auch zu Sowjetzeiten besitzen. Zu Beginn des 20. Jahrhunderts war dies sogar die Heimat von mehr als tausend Menschen – heute sind es zwischen sechzig und siebzig –, die sich an die Erfordernisse ihrer Umwelt bestens angepasst hatten. Mit Booten, die sie aus Baumstämmen fertigten, fuhren sie zum Fischen und Jagen, wenn die »fünfte Jahreszeit«, die Fluten der Monate Mai und September, aus der Sumpf- eine Seenlandschaft machte.

Heute sind die Fluten ein Naturschauspiel, früher machten sie den Bewohnern des Gebiets das Leben schwer. Doch obwohl die Menschen in dieser Gegend meist voll und ganz mit dem Überleben beschäftigt waren, hat die Landschaft auch künstlerische Hochbegabungen hervorgebracht: Johann Köler kam 1826 hier zur Welt, studierte an der Kunstakademie in St. Petersburg, mischte bei der estnischen Nationalbewegung mit und reiste kreuz und quer durch Europa, bevor er sein Leben 1899 als erster erfolgreicher estnischer Maler beschloss. Der Förstersohn Mart Saar wurde 1882 auf einem einsamen Gehöft hier geboren und machte als Komponist Karriere. Auch ihn hatte seine Herkunft geprägt, spielten seine Kompositionen doch immer wieder mit alten estnischen Volksweisen.

Seit Jahrtausenden benutzen Menschen in den unterschiedlichsten Regionen der Welt den Einbaum zur Fortbewegung. Der Landstrich im Süden Estlands ist aber einer der wenigen Orte, an denen diese Art der Fortbewegung kontinuierlich bis ins 20. Jahrhundert gepflegt wurde. Aivar Ruukel bringt Städtern bei, wie man die Boote baut: mit einem Schürhaken. Mit ihm wird der Stamm ausgekerbt. Sechs Meter muss er lang sein und einen Durchmesser von fünfzig bis sechzig Zentimetern haben; ein solcher Baum, meist ist es eine Espe, ist zwischen achtzig und hundert Jahren alt. Nägel sind für den Bau nicht nötig. Dafür aber viel Geduld. Es braucht die Zeit zwischen zwei Hauptflutzeiten, bis ein Einbaum fertig ist; da die meisten Urlauber es eiliger haben, versucht sich jeweils eine Gruppe an einem Exemplar, an dem Aivar Vor- und Feinarbeit leistet.

Oft sind es finnische und estnische Firmen, die mit dem Bootbau ihr Teamgefühl stärken wollen, manchmal aber auch einfach ein paar Freunde, die Lust auf etwas anderes als eine normale Wandertour haben. 1996 erlernte Aivar selbst die Kunst des Einbaum-Baus. Das war gerade noch rechtzeitig, bevor in Vergessenheit geriet, wie die Boote angefertigt wurden, die einstmals den einfachsten und schnellsten Weg darstellten, sich in der schneefreien Zeit fortzubewegen und Dinge zu transportieren: Schafe, Heu, Milchkannen.

Es ist nicht nur mühsam, Einbaumboote zu bauen, es ist auch schwierig, sie zu steuern. Fortgeschrittene gleiten im Stehen auf ihnen über das Wasser, was einen ausgeprägten Gleichgewichtssinn erfordert. Aber auch das Paddeln im Sitzen ist zulässig, erklärt Aivar. Als im Sommer 2009 das Feuer, das zu Beginn jedes Sängerfests in der Arena des Sängerfestplatzes in Tallinn aufgestellt wird, per Einbaum aus dem Soomaa-Nationalpark gebracht wurde, habe man auch lieber gesessen. Entspannt lehnt Aivar sich in seinem Boot zurück, lässt das Paddel ruhen und verscheucht aufdringliche Bremsen.

Wir wollen an den Böschungen Biber beobachten.

Doch kein Tier lässt sich blicken – außer Vögeln und Insekten. Dafür plaudert der 1967 geborene Aivar aus seinem Leben: wie er seinen Militärdienst in Moskau ableistete und miterlebte, wie der deutsche Abiturient Mathias Rust 1988 mit seinem Sportflugzeug auf dem Roten Platz landete und internationale Verstörung auslöste. Und dass er ohne Groll auf die Sowjetzeit zurückblickt. »Ich bin froh, dass ich beides erlebt habe«, erklärt er.

Seinem ersten Beruf, der Landwirtschaft, hat er nie nachgetrauert. Nur das Gärtnern fehlt ihm ein wenig. Doch auch da ist Abhilfe in Sicht, besitzt er doch mittlerweile eine Farm im Nationalpark. »Sie gehörte einer netten Frau, deren erwachsene Kinder nicht hier leben wollten«, erzählt er. »Sie fragte mich immer mal wieder, ob unter meinen wohlhabenden Städtern nicht jemand wäre, der ihren Hof haben wollte.« Also brachte er ihr Interessenten. Doch niemand kaufte die Farm, die unmittelbar am Ufer des Flusses liegt, auf dem wir stromabwärts gleiten. Als er im folgenden Frühjahr wieder mit Gästen im Park unterwegs war, sprach sie ihn erneut auf einen möglichen Käufer an. »Da hatte ich plötzlich die Idee, dass ich den Hof vielleicht selbst kaufen sollte – als Hauptquartier für meine Arbeit. Und wer weiß? Vielleicht lebe ich ja irgendwann einmal das ganze Jahr über hier.«

Noch ist dieser Zeitpunkt nicht in Sicht. Nebenbei studierte Aivar Naturtourismus und unterrichtet heute selbst an der Universität Tartu. Neben seinen Touren bloggt er ein wenig zur Mehrung des Ruhmes des Soomaa-Nationalparks – ein klassisches Beispiel für die Verortung des estnischen Charakters zwischen Wildnis und IT. Für den Glauben an Trolle, Gespenster oder irgendetwas sonst ist in diesem Persönlichkeitsbild nicht mehr viel Platz. Auch Aivar erklärt: »Wir Esten glauben schon daran, dass es noch eine Dimension gibt, die man nicht sieht, dass mehr an allen Dingen ist. Aber die meisten von uns verbinden das nicht mit Jesus und seinen zwölf Kameraden. Die Kirche hat doch in der Geschichte vor allem Kriege verursacht.« Heute glaube jenseits der eher abstrakten Vorstellung einer unsichtbaren Dimension auch kaum noch jemand an Trolle oder sonstige Erscheinungen, die die Moore Soomaas früher reich bevölkerten. So reich, wie das auch in anderen Landschaften der Fall ist, in denen man sich bei schlechtem Wetter leicht verirren kann.

Ohne Wild- und ohne Troll-Begegnungen erreichen wir die Riisa Ranch, eine rustikale kleine Herberge am Ufer des Flusses Halliste. Aivar zieht das Boot die Böschung hinauf. Eine Gruppe russischer Gäste sitzt singend an einem Picknicktisch, überall laufen Menschen umher. Vor den Türen des Holzhauses, in dem sich die Gästezimmer befinden, stapeln sich Wanderschuhe. Der Hausherr erklärt, wo sich abends häufig ein Biber zu schaffen macht. Aivar bricht auf. Er will seiner Frau in Tartu frische Pilze mitbringen und muss die erst noch suchen.

Den ganzen Tag hatte das Wetter auf der Kippe

zwischen Sonnenschein und Regen balanciert; nun schien die Sonne doch noch hell vom Himmel. Gerade wollte ich es mir mit meinem Buch auf der Picknickbank bequem machen, auf der vorhin noch die fröhlichen Russen gelärmt hatten, da kam Liis, die Wirtin, auf mich zu. »Es ist gar nicht mehr so heiß«, sagte sie und stellte einmal mehr den hohen Grad der Subjektivität menschlichen Wärmeempfindens unter Beweis. Heiß war es nach meiner Erinnerung zuletzt drei Tage zuvor gewesen; heute war es doch reichlich kühl mit nur kurzen sonnigen Abschnitten. Ich fragte Liis, ob sie und ihre Familie das ganze Jahr über hier lebten oder nur im Sommer. »Wir wohnen in Pärnu«, erklärte sie und fügte hinzu, dass sie sich gleich auf den Weg in die nur eine gute halbe Autostunde entfernte Stadt machen würden.

Ich schaute mich um. Plötzlich war es sehr ruhig auf der Riisa Ranch. »Bin ich der einzige Gast heute?«, fragte ich.

»Oh ja«, erwiderte Liis. »Legen Sie morgen Früh einfach die Schlüssel unter die Fußmatte, wenn Sie Kaffee getrunken haben.« Sie verabschiedete sich freundlich, ihr Mann hatte bereits Sohn und Säugling im Auto verstaut. Der Himmel verdunkelte sich, schwere Regentropfen begannen zu fallen. Ich lief die Außentreppe hinauf, die zu meinem Zimmer in der ersten Etage führte. Vom Badezimmerfenster aus sah ich, dass der Kofferraum offen stand, während mein flüchtiger Gastgeber hektisch durch das beginnende Unwetter lief. Ob etwas mit dem Wagen nicht stimmte und sie nicht abfahren konnten? Doch kurz darauf war das Auto verschwunden. Auf dem Fensterbrett hatte ich mein Telefon abgelegt; der einzige Ort im Haus, wo es Lebenszeichen zeigte.

Alleine im Nirgendwo, mit schwachem Handyempfang, dazu infernalische Blitze und Donner – begannen so nicht Horrorfilme? Kurz erwog ich, ebenfalls nach Pärnu zu fahren. Nein, das wäre albern. Das Gewitter verzog sich, die Sonne kehrte zurück, fette Hasen machten sich im Garten über Fallobst her. Hinter ihnen rauschte der Fluss. Irgendwann wurde es Zeit, schlafen zu gehen. Sorgfältig verschloss ich die Tür, verlöschte die Lichter und lauschte der Stille. Bald schlief ich ein. Die Nacht wurde nur gerade so kalt, dass es angenehm war, tief unter der Decke zu bleiben. Es war ja auch ein heißer Tag gewesen.

Um viertel nach sechs am Morgen wachte ich auf. Strahlende Sonne schien ins Zimmer. Hinter mir hörte ich schwere Schritte, als liefe dort jemand auf der Balustrade. Der Holzboden knarrte, ich spürte, wie er unter einem beträchtlichen Gewicht nachgab, und glaubte, auf dem Boden vor mir einen Schatten zu erkennen. Sehr still lag ich in meinem Bett und spähte nur mit einem halben Auge zum Fenster. Da musste ja nun jeden Moment jemand auftauchen. Oder? Vermutlich handelte es sich ja doch nur um einen Nachbarn, der ab und zu vorbeischaute; vielleicht im Anschluss an einen morgendlichen Kanu-Trip. Wohl zehn

Minuten lang lauschte ich dem Knarren und Ächzen des Holzes, dann kehrte Ruhe ein. Am Fenster war niemand erschienen.

Um halb acht stand ich auf und schaute aus beiden Fenstern. Mein Auto stand noch auf dem einsamen Parkplatz vor dem Haus. Während ich duschte, beschloss ich, auf den Kaffee im Hauptgebäude zu verzichten und gleich nach Pärnu zu fahren: in die herrliche Villa Ammende, eine Perle des Jugendstils und ein freundliches Hotel, in dem man mir gewiss ein wunderbares Frühstück bereiten würde. Ich packte, legte den Schlüssel unter die Fußmatte und beobachtete einen Storch, der zwischen den Gebäuden durchs Gras spazierte. Dann ging ich zum Auto und schaute noch einmal zurück. Das Haus besaß weder Balkon noch eine Terrasse oder Balustrade.

Bauen für die Ewigkeit

Steinerne Zeugen: Auf den Spuren der Sowjets in Tallinn

Ein Sommertag im späten 15. Jahrhundert. »Vier Kilometer Stadtmauer haben wir jetzt, drei Meter dick und bis zu sechzehn Meter hoch, dazu sechsundvierzig Wehrtürme. Jetzt kann uns wirklich niemand mehr überfallen. Oder?« – »Nein, wir sind absolut sicher. Reval ist eine Festung, uneinnehmbar. Es sei denn, irgendjemand erfindet Schusswaffen.« – »Schusswaffen? Lächerlich! Hier kommt keiner rein. Wenn wir es jetzt noch schaffen, abends immer die Öfen auszumachen und so die Feuersbrünste in den Griff bekommen, werden unsere Nachkommen noch in fünfhundert Jahren friedlich Wachs und Flachs verkaufen. Übrigens, was sind eigentlich Schusswaffen?«

So wurde seinerzeit beim Treffen der Neighbourhood-Watch-Gruppe »Sicherer Domberg« diskutiert. Aber manchmal kommt eben alles ganz anders als gedacht – vor allem wenn man glaubt, für die Ewigkeit zu bauen. Trotz seiner monumentalen Befestigung fiel Tallinn, das seit 1347 vom Livländischen Orden regiert worden war, schon 1561 an Schweden und verlor in der Folge seine Bedeutung als Handelsmacht. Mauer und Türme wurden nicht mehr instand gehalten und begannen zu verfallen. Der Krieg gegen Schweden bescherte Peter dem Großen 1710 neben anderen baltischen Errungenschaften auch Tallinn, das bis 1918 zu Russland gehören sollte. Jede dieser und der folgenden Epochen hat Spuren im Stadtbild hinterlassen – bis hin zur Sowjetzeit, nach deren Ende allerdings gründlicher als sonst aufgeräumt wurde.

Die verbliebenen mittelalterlichen Wehrtürme, die erhaltenen Abschnitte der Stadtmauer und die deutsch-baltischen Gildehäuser und Gotteshäuser sind für Tallinn handfestes touristisches Kapital. Schließlich hat die UNESCO das gesamte historische Zentrum als den am besten erhaltenen mittelalterlichen Stadtkern Europas zum Weltkulturerbe erklärt, und das bedeutet weitere Werbung für einen bereits florierenden Tourismus. Auf der anderen Seite sind die historischen Bauten aber auch Zeugnisse einer von Fremdbestimmung geprägten Geschichte. Die mächtigen Türme, die man mehr oder weniger liebevoll »Dicke Margarethe«, »Mägdeturm« und »Kiek in de Kök« titulierte, wurden nicht gebaut, damit Tallinn einstmals atmosphärische Räumlichkeiten für seine Museen haben würde. In jenen Tagen fand man es vermutlich eher freudlos, immer wieder Angriffen aus allen Richtungen ausgesetzt zu sein. Und auch von den schmucken Bauten der deutschen Kaufleute hatte die estnische Bevölkerung nicht viel.

Heute erfreuen sich Besucher und Bewohner der kleinen Hauptstadt gleichermaßen an der alten Stadtmauer mit den mächtigen Türmen und den wunderschönen gotischen Gilde- und Handelshäusern; massenweise strömen die Touristen im Sommer in die Stadt und träumen sich ins Mittelalter. Hier liegen Besatzung und Bevormundung, denen die Bausubstanz zu verdanken ist, so weit zurück, dass sie längst niemanden mehr schmerzen. Die Newski-Kathedrale erscheint manchen Hauptstadtbewohnern hingegen schon etwas grenzwertig; prachtvoll mögen ihre Zwiebelkuppeln sein, fast wie eine Kopie der Basilius-Kathedrale in Moskau. Doch da liegt das Problem, denn erbaut wurde sie am Ende des 19. Jahrhunderts, um deutlich sichtbar zu machen, wer nun auf dem Domberg das Sagen hatte. Nämlich nicht mehr die Abkömmlinge deutscher Kreuzritter und Kaufleute – und noch viel weniger die Esten. Auch dieser hinter Architektur verborgene Affront könnte langsam in Vergessenheit geraten, wären die Russen im Zweiten Weltkrieg nicht neuerlich auf der Bildfläche erschienen, dieses Mal mit katastrophalen Folgen für Estland. 1940 kam die Rote Armee, sprach viel vom freiwilligen Beitritt Estlands zur Sowjetunion und verbreitete Angst und Terror. 1941 bis 1943 hielten die Nazis Estland besetzt, was sich als keinesfalls besser erwies. 1944 kehrte die Rote Armee zurück. Die Freude über das Ende der Besatzung durch die Nazis, die im Baltikum Hunderttausende umgebracht hatten, währte nur den kurzen Moment, bis man die Uniformen dieser »Befreier« wiedererkannte. Zum zweiten Mal war der Teufel von jemandem in die Flucht geschlagen worden, für den der Name Beelzebub seltsam freundlich klang.

Es begann mit Deportationen. Estnische Minister, die 1938 noch den Unabhängigkeitstag gefeiert hatten, waren zwei Jahre später als Häftlinge in Viehwaggons unterwegs nach Sibirien. Später fielen Bomben. Nach dem sowjetischen Luftangriff vom 9. März 1944 brannte die Nicolai-Kirche, die in den frühen Tagen der estnischen Christianisierung in der ersten Hälfte des 13. Jahrhunderts erbaut worden war. Dreiundfünfzig Prozent der umliegenden Häuser wurden in jener Nacht zerstört, die Kirche erst in den achtziger Jahren wieder aufgebaut. Auch nach dem Krieg wurde nichts besser. Zu Zehntausenden wurden Esten, die in irgendeiner Weise politisch oder patriotisch gesinnt erschienen, jetzt nach Sibirien verschleppt – an einem Tag des Jahres 1949 waren es zwanzigtausend Menschen. Zudem gehörte man nach wie vor ohne eigenes Zutun zum Riesenreich des wild wütenden Stalin und war vom Westen abgeschnitten. Das Ganze war keine Art, die bereits belasteten Beziehungen zwischen beiden Nationen fortzusetzen, und zugleich ein guter Grund, nach dem Ende der Sowjetzeit fünfzig Jahre später steinerne Lenins überall in Stadt und Land von ihren Sockeln zu schlagen oder zu sprengen. Ein paar architektonische Zeugnisse der Epoche überdauerten indessen den städtebaulichen Frühjahrsputz der jungen estnischen Republik.

Weil mittlerweile außerhalb der Stadtmauern

viel neu gebaut und innerhalb ihrer Grenzen mit Sorgfalt restauriert wurde, sind die Restbestände nicht immer leicht zu finden. Eigentlich unauffällig ist etwa das Gebäude mitten in der Altstadt, in dem sich das KGB-Hauptquartier befand. Dennoch dürften in seinen Mauern jede Menge Geister umgehen. Denn das Haus mit der Nummer 59 an der Ecke der Straßen Pikk und Pagari war während der Sowjetzeit das meistgefürchtete der Stadt. In ihm wurden mutmaßliche Staatsfeinde festgehalten. Von hier aus erschien Sibirien als ein Glücksfall im Vergleich zur einzigen Alternative: einem Todesurteil. Die Turmspitze der nahe gelegenen Olai-Kirche soll der KGB als Antenne für den Funkverkehr mit Moskau benutzt haben. Neben den noch immer zugemauerten Kellerfenstern erinnert nur ein Schild an der Fassade des Hauses an die Vergangenheit: »In diesem Gebäude war der Unterdrückungsapparat der sowjetischen Besatzungsmacht untergebracht. Hier begann der Leidensweg Tausender Esten.«

Das Kino Sõprus in der Straße Vana-Posti wurde in den fünfziger Jahren gebaut, als nach dem Tod Stalins wieder ein wenig Freude in den Alltag der Arbeiterschaft einziehen durfte. Zugleich bot das Kino die Möglichkeit, linientreue Inhalte auf großer Leinwand zu vermitteln.

Die Perlen sowjetischer Baukunst befinden sich jenseits der Altstadt, deren historische Häuser zwar nicht gepflegt, aber glücklicherweise geschont wurden: die Wohnsilos des Stadtteils

Lasnamäe etwa, die in den sechziger und siebziger Jahren als Heimstatt für die arbeitende Bevölkerung entstanden, oder das einstige Haus der Marineoffiziere an der Mere-Allee Nummer 5, das 1954 in stalinistischem Stil errichtet wurde und dessen Fassade noch immer Hammer und Sichel zieren. Auf einem Wohnhaus an der Straße Tartu prangt bis heute ein Sowjetstern.

Die monumentale Gedenkstätte Maarjamäe an der Straße nach Pirita, wo 1980 die Segelwettbewerbe der Olympischen Spiele in Moskau ausgetragen wurden, erinnert mit einem Betonblock, einem Obelisken sowie aus Eisen und Beton gestalteten Figuren an die russischen und sowjetischen Soldaten, die im Ersten und im Zweiten Weltkrieg fielen. In zwei Bauphasen wurde hier Gedenken in Beton gegossen, erst 1960, dann noch einmal fünfzehn Jahre später. Die Tragödie Abertausender Gefallener interpretiert die Installation weniger als individuelle Katastrophen denn als das Schicksal einer Nation.

In Vorbereitung des Olympia-Jahres brach in der Hauptstadt milde Bauwut aus. Immer war Tallinn das Schaukästchen des Sowjetreichs gewesen, das beweisen musste, wie schön es hinter dem Eisernen Vorhang sein konnte. Nun sollte die ganze Welt sehen, wie gut es sich hier leben ließ – oder zumindest der Teil der Welt, der an den Spielen teilnahm. Um Gäste und Funktionäre angemessen unterbringen zu können, eröffnete man das riesige Hotel »Olümpia«, äußerlich ein einfallsloser

Kasten, der noch immer ein komfortables Hotel beherbergt. Der dreihundertvierzehn Meter hohe Fernsehturm wurde zum selben Anlass gewissermaßen als Denkmal sowjetischer Ingenieurskunst errichtet. Bis heute ist er das höchste Gebäude des Landes. Kleine Einschusslöcher im Mauerwerk an seinem Fuß erzählen zudem eine Anekdote aus den letzten Tagen der Sowjets an der Macht. Anfang 1991 versuchten sie, den Turm und damit die Fernsehbilder des gefährlich aufsässigen Estlands zu übernehmen. Innen hatten einige couragierte Funker den Aufzug in Erwartung des Besuchs mit Streichholzschachteln außer Funktion gesetzt, sodass die Truppen die Stufen – immerhin tausend – zu Fuß erklimmen mussten. Es lag allerdings wohl eher an der Kurzatmigkeit des Sowjetreichs als an der seiner Soldaten, dass die estnische Pressefreiheit siegreich aus diesem Zwist hervorging. Heute öffnet sich vom Turm aus einer der weitesten Blicke auf Tallinn.

Bis nach Paldiski wird er trotzdem nicht ganz reichen. Der einstige Militärstützpunkt liegt fünfundvierzig Kilometer westlich von Tallinn auf einer Halbinsel. Noch bis 1994 waren hier sowjetische Soldaten stationiert. Heute wirken die Plattenbauten, die fast alle leer stehen, und die verfallenden militärischen Gebäude wie ein Freiluftmuseum des Kalten Krieges. Das Städtchen, in dem viertausend Menschen leben, war zur Sowjetzeit Sperrgebiet. Als Ausbildungsort für U-Boot-Besatzungen und Standort eines nuklearen Versuchsreaktors, dessen Mauern und Türme noch stehen, unterlag die Anlage und mit ihr die Stadt höchster Geheimhaltung. Heute wirkt Paldiski trotz der landschaftlichen Schönheit der Umgebung, trotz kreischender Möwen und der Aussicht auf die vorgelagerten Inseln ein wenig gespenstisch.

Dass die sowjetischen und von den Sowjets genutzten Gebäude in Tallinn noch stehen, empfindet kaum jemand als störend. Sie sind Teil des Stadtbilds. Andere verfielen während dieser Ära, wie Tallinns hundert Meter langer, fünfundfünfzig Meter breiter und siebenundzwanzig Meter hoher Hangar. Er wurde 1917 erbaut, als Wasserflugzeuge eine Reichweite von achtzig Kilometern hatten – gerade genug, um Tallinn mit Helsinki zu verbinden. Nachdem er während der Sowjetzeit stark verfallen war, wurde er mehrere Jahre lang restauriert und zeigt heute als Meeresmuseum auf drei Ebenen Fortbewegung unter Wasser, auf Wasser und in der Luft. Ein unter der Decke schwebendes Wasserflugzeug erreicht man über eine Brücke, eines der beiden U-Boote der ersten estnischen Republik, das nach dem Ende der Sowjetunion in einem Fluss wiedergefunden wurde, lässt sich bis in den letzten Winkel erkunden.

Die Besucher interessieren sich für alle Epochen aus Tallinns wechselvoller Geschichte, die sich aus den Straßen der Stadt lesen lässt wie aus einem dicken, bunten dreidimensionalen Buch, in dessen Seiten man sich gerne verliert. Für ihre Bewohner ist die Erinnerung erträglich geworden. In Tallinn blickt man nach vorne, auch wenn sich hier und da am Straßenrand die Gelegenheit böte, zurückzuschauen. Zudem ist seither eine Generation herangewachsen, die das Land und seine Hauptstadt unabhängig von ihren nationalen Wurzeln prägt: ob die nun russisch, estnisch oder beides sind. Ältere Esten finden Trost in dem Gedanken, dass ihr Land sich aus eigener Kraft befreit und schließlich die Gerechtigkeit gesiegt hat. Ohne die Vergangenheit verdrängen zu wollen, ist man in Tallinn heute vor allem mit der Gegenwart beschäftigt.

Findlinge im Garten, Blumen auf der Tafel

An Estlands Nordküste sind Restaurants rar. Umso besser, wenn man etwas vom Kochen versteht. So wie die Kochbuch-Autorin Eva-Maria Liiv

Rittersporn, Schafgarbe und Margeriten wuchern zwischen Findlingen empor, die nur für hiesige Verhältnisse klein sind. An der Hauswand blühen Rosen. Schwalben sausen durch die Luft, mit halbem Auge beobachtet von der Katze Mucki. Auf einer Wiese hat Eva-Maria Liiv einen Tisch gedeckt, mit weißem Tischtuch, einer Vase voller Wildblumen und duftendem Kuchen. Sie ist damit beschäftigt, Fotos für ein Kochbuch zu inszenieren. Deshalb steht mitten im Urwald aus Farn am Flüsschen neben der Sauna ein weiterer gedeckter Tisch. Und ein dritter auf der Wiese neben dem Haus, das eigentlich das Sommerhaus ihrer Eltern ist. 2014 hat Eva-Maria es nach Wanderjahren in England und Spanien, wo sie in Hotels arbeitete, mitsamt dem von ihrer Mutter begründeten »Adami Country Guesthouse« übernommen.

Auch wenn die Gastgeberin und Köchin aus Leidenschaft nicht mit der Produktion von Kochbüchern beschäftigt ist, gehören blumengeschmückte Tische im sommerlichen Garten zum Gästehaus wie weiß lackiertes Holz, bunte Teppiche, wohlgefüllte Bücherregale und ein nordisches Ambiente, das dem Bullerbü-Idyll zeitgenössische Eleganz verleiht. Jeden Morgen trinkt Eva-Maria ihren Kaffee draußen und genießt die reine Luft, die Ruhe und den Blick in die Natur. Denn die Lage in einer Waldlichtung am Rand des Lahemaa-Nationalparks könnte schöner kaum sein; vor allem, wenn das Wetter mitspielt. Es ist im gut organisierten Estland womöglich das Einzige, auf das man sich nicht verlassen kann.

Die Abgeschiedenheit der Versuchsküche mit angeschlossenem B & B erfordert zudem sorgfältige Planung. »Als ich zurückkam, wurde das Kochen sehr wichtig für mich«, sagt Eva-Maria. »Wenn man hier essen möchte, geht man nicht ins Restaurant nebenan, sondern in die Küche. Plötzlich musste ich vor dem Einkaufen nachdenken. Der nächste Laden und das nächste Café sind acht Kilometer entfernt. Eier kaufe ich im übernächsten Dorf. Und der Bus nach Rakvere, der nächsten größeren Stadt, fährt nur zweimal in der Woche.« Auch die Jahreszeit hatte ein Wort mitzureden. »Im Frühling und Sommer isst man hier ganz anders als im Winter.« Doch Eva-Maria stellte schnell fest, dass die neuen Lebensumstände sie nicht einschränkten, sondern beflügelten. Aus ihren sorgfältig geplanten Einkaufszetteln sind mittlerweile drei Kochbücher geworden.

Im Winter rückt die Welt in noch weitere Ferne. Dann wird das Haus in der verschneiten Lichtung zur Festung, die zu verlassen nicht immer leicht ist: weil der Schnee bisweilen einen Meter hoch liegt und es im Haus besonders schön ist. Auch das Meer scheint im Winter weiter weg zu sein als sonst. Dabei ist es nur siebenhundert Meter entfernt. Eine schmale Straße ohne Laternen führt durch Kiefernwald und Wiesen zur Küste. Früher flickten die Menschen zu dieser Zeit Fischernetze. Eva-Maria experimentiert am Herd. Nach ihrer Rückkehr erinnerte sie sich der Klassiker der estnischen Küche, die sie von Mutter, Großmutter und Tanten gelernt hat. »Schon meine Uroma war eine gute Köchin, und sie hat ihren Töchtern alles beigebracht, was sie wusste.« Diese Tradition setzte sich fort. »Meine Mutter zeigte mir alle Tricks und Traditionen, die sie von ihrer Mutter gelernt hat.« Da war dieses Wissen schon rar geworden, weshalb Eva-Maria heute ihre Freundinnen am Herd in die Geheimnisse der traditionellen estnischen Küche einweiht. Allerdings erlaubt sie sich dabei eine persönliche Handschrift.

»Ich verbinde die klassischen Gerichte mit ungewohnten Aromen wie Limette oder Wacholder. Heute mögen die Menschen intensivere, interessantere Geschmäcker als früher. Deshalb überlege ich mir bei der Zusammensetzung einen moderneren Dreh, experimentiere manchmal mit Zutaten wie essbarem Gras für meine Kuchen oder verbinde Schokolade mit Kardamom. Das ist keine neue Küche, aber eine andere Art, Zutaten und Aromen zu kombinieren.« So entstehen Rezepte für Schokoladenkuchen mit Ingwer, Nudeln mit Pfefferminz-Pesto oder Tarte mit Lauch, Eiern und griechischem Feta-Käse.

Und Kochbücher, die mit den wunderschönen Fotos der Fotografin Hele-Mai Alamaa, Familienbildern Eva-Marias und liebevoll gefertigten Zeichnungen kleine Kunstwerke bilden, die man schon des optischen Genusses wegen immer wieder zur Hand nimmt. Als Kochbücher haben sie nur einen Nachteil: Die Rezepte sind – natürlich – in estnischer Sprache verfasst und bislang nicht übersetzt worden. Dennoch taugen sie als Kompass durch diese Welt. Denn sie porträtieren auch die Landschaft, in der sie entstanden sind.

Hier wohnt der Geist

Nach Tallinn kommen die Touristen, nach Tartu die Studenten. Auch sonst ergänzen die beiden größten estnischen Städte einander perfekt

Völlig zu Unrecht kommen einem ständig andere Städte in den Sinn, wenn man sich doch auf die eine konzentrieren sollte: Tartu. Die Außenbezirke erinnern mit grünen Flächen, milden Hügeln und schnurgeraden Straßen ans litauische Kaunas. Das schwere Kopfsteinpflaster am Hang, auf dem sich kleine Häuschen krümmen, lässt an Sträßchen in der Altstadt Zagrebs denken. In der Fußgängerzone taucht zwischen den Studenten-Cafés eine ferne Erinnerung an die Flaniermeile des russischen Jaroslavl auf (immerhin verdankt sich die erste Erwähnung der Stadt, damals kaum mehr als eine Burg auf dem Domberg, im Jahr 1030 ihrer Zerstörung durch Jaroslaw den Weisen, Großfürst von Kiew).

Schwerer aber nehmen viele Bewohner Tartus den Vergleich mit Tallinn. Denn Tartu ist mit seiner Universität zwar das geistige Zentrum des Landes. Aber Tallinn ist größer – in Tartu leben gerade mal hunderttausend Menschen –, Hauptstadt noch dazu, und, als wäre das alles nicht schon schwer genug, auch noch viel gerühmte Technologie-Hochburg. Auch Absolventen der Uni in Tartu haben Tallinn dazu gemacht.

Tatsächlich sind gewisse Ähnlichkeiten zwischen den beiden Städten nicht ganz von der Hand zu weisen: kopfsteingepflasterte Rathausplätze hier wie da, beide einstmals Hansestädte, Cafés und Kneipen allerorten, Straßennamen wie Rüütli, Narva und Pikk, und, vor allem: Beide besitzen einen Domberg.

Ansonsten aber ist alles anders. Tartu ist mit nur einem Viertel der Bevölkerungszahl Tallinns vergleichsweise winzig. Tallinn ist seit jeher eine Stadt des Handels, Tartu eine Hochburg der Gelehrsamkeit. In Tartus Altstadt sind kaum Souvenirgeschäfte zu finden – anders als in der Hauptstadt, in der man an jeder Ecke bunte Strickjacken, Fellpantoffeln und Bernsteinketten kaufen kann. Zudem gibt es dort nichts Mittelalterliches: Nach einem verheerenden Brand 1775 wurde die Stadt neu aufgebaut, und zwar zeitgemäß in klassizistischem Stil.

Und: Tartus Domberg ist anders als sein Pendant in Tallinn praktisch unbesiedelt. Der Berg, der auch in Tartu eigentlich eher ein Hügel ist, besitzt zwei Kuppen, die durch zwei Brücken miteinander verbunden sind. Die Engelsbrücke wurde 1816 erbaut, die Teufelsbrücke knapp hundert Jahre später – wie zur Einstimmung auf ein Jahrhundert, das nach der Unabhängigkeit erst einmal einige Jahrzehnte im Zeichen von Verlust, Entbehrung und Tod bringen würde.

Die schöne grüne Parklandschaft des Dombergs befindet sich ganz im Besitz des Geistes, nämlich der Universität. Die Sternwarte thront hier oben über der Stadt, ganz in der Nähe liegt die wildromantische Ruine einer Kathedrale, deren hohe gotische Bögen ohne schützendes Dach an die Vergänglichkeit aller Mühen gemahnen. Schon im 16. Jahrhundert verfiel die im 13. Jahrhundert errichtete Kirche. Ihr erhaltener Teil beherbergt heute das Museum der Universität. Ein entzückendes Café, die »Rotunde«, ein paar Schritte weiter, ist wie dafür geschaffen, die Vorlesung durch ein Rendezvous zu ersetzen. Tatsächlich ist Tartu so vollgestopft mit Cafés, dass man sich angesichts dieses gastronomischen Angebots fragen möchte, wie die Studenten hier überhaupt Zeit zum Lernen finden.

Natürlich ist diese Sorge gänzlich unbegründet, ist die Studentenschaft im Zeitmanagement doch bestens bewandert. Margo zum Beispiel, ein Student der Wirtschaftswissenschaften, versieht in seinen Semesterferien mit bestrickender Liebenswürdigkeit den Rezeptionsdienst im ersten Fünf-Sterne-Hotel der Stadt, das dem Hauptgebäude der Uni gleich gegenüberliegt. Nebenbei betreibt er Speerwurf auf internationalem Niveau. Er erzählt, wo man in Estland surfen kann, schickt einem Gast eine Wegbeschreibung aufs Handy, parkt zwischendurch für einen anderen das Auto und erklärt einem dritten, wie er aus der Stadt hinausfindet. »Es ist ganz leicht«, versichert Margo. »Tartu ist sehr gut beschildert. Wenn ich da zum Beispiel an Riga denke – in der ganzen Stadt gibt es kaum ein Schild!« Er schüttelt den Kopf.

Zum Glück aber ist dies Estland, und hier ist alles gut organisiert. Auch das Studentenleben. Alles in Tartu legt Zeugnis ab von der einzigen Universität Estlands, die alle Fächer anbietet (Tallinn besitzt neben seiner Kunstakademie mit der Technischen Universität tatsächlich nur eine Zweigstelle dieser Hochschule). Den Brunnen vor dem Rathaus ziert hier nicht ein verdienstvoller Ahne, sondern ein sich küssendes junges Pärchen – ganz eindeutig Kommilitonen. Die achtzehntausend echten Studenten prägen das Innenstadtbild stärker als die Touristen. Einer der schönsten Bauten der Altstadt ist das Hauptgebäude der Uni, ein strahlendes klassizistisches Gemäuer, das zwischen 1804 und 1809 errichtet wurde. Dass es in einer schmalen Straße am Fuß des Dombergs steht, mit Bürgerhäusern zur Seite und gegenüber, lässt die Uni noch kleiner, heimeliger wirken als die überschaubare Innenstadt selbst. Zugleich ist es so wuchtig, dass man auf den ersten Blick erkennt, dass die Hochschule für die Stadt wichtig ist und nicht umgekehrt.

Der schwedische König Gustav II. Adolf gründete 1632 die Universität, als Estland ein Teil von Schweden war. Auch in Hinblick auf Tradition und Geschichte kann sie sich somit durchaus mit anderen europäischen Hochschulen messen. Allerdings machte es ihr die Lage Estlands am Schnittpunkt verschiedener divergierender Interessenssphären schwer, Forschung und Lehre über die Jahrhunderte lückenlos fortzusetzen und auszubauen.

1710, als Peter der Große Estland eroberte, wurde sie geschlossen, 1802 mit Unterstützung von Zar Alexander als einzige deutschsprachige Universität im Russischen Reich neu gegründet. Fortan entwickelte sie sich zu einem Bindeglied zwischen russischer und deutsch-baltischer Kultur – und erstaunlicherweise zugleich zu einem Zentrum der estnischen Nationalbewegung. Ab 1886 wurde der Lehrbetrieb im Zuge der allgemeinen »Russifizierung« auf Russisch umgestellt. Mit der Unabhängigkeit von Russland 1919 wurde dann schließlich auf Estnisch gelehrt.

Vor dem Hintergrund der Universität als Keimzelle einer estnischen Erweckungsbewegung ist es kein Zufall, dass das erste Laulupidu, das Sängerfest, 1869 in Tartu stattfand. Die Esten haben ihre Identität über Jahrhunderte der Fremdbestimmung vor allem in Form von Liedern erhalten und weitergegeben. Wenn ihre Sprache und somit auch ihre Kultur gerade mal wieder verboten oder zumindest in den rein privaten Bereich verdrängt waren, transportierten sie ihre Ideen zur Selbstbestimmung durch Gesänge. So wurde der ersten Unabhängigkeit 1918 mit Liedern der Weg bereitet. Und auch die »Singende Revolution«, die im September 1988 mit dem Sängerfest (jetzt in Tallinn) begann und schließlich zur Befreiung von der Sowjetunion führte, gelang – so unwahrscheinlich das in einem Jahrhundert besonders fürchterlicher Kriege klingt – durch das Singen der von den Sowjets verbotenen estnischen

Nationalhymne. Was nicht bedeutet, dass die Esten so schief gesungen hätten, dass Moskau sie lieber aus der Union entließ. Einem alten Sprichwort zufolge singen Esten, wenn sie in Not sind. An jenem Septembersonntag waren es gleich dreihunderttausend Esten in Not, die sich auf dem Sängerfestplatz vor Tallinn versammelten und ihre Hymne schmetterten. Zwei Jahre später stimmte sogar eine halbe Million Menschen – mehr als ein Drittel der Bevölkerung – beim Sängerfest verbotene Volkslieder an.

Indrek Toome, der letzte kommunistische Regierungschef der Sozialistischen Sowjetrepublik Estland, schloss dieses Sängerfest von 1990 mit den Worten: »Ehe wir Esten aufhören zu singen, werden die Bäume blattlos, die Meere ohne Fische und alle Bäche ohne Wasser sein.« Und die bereits angeschlagene Supermacht ging vor dem Riesenchor ihrer widerrechtlich annektierten Satellitenrepublik in die Knie: Am 20. August 1991 erklärte Estland seine Unabhängigkeit – und eine lange, schmerzliche Geschichte fand ein glückliches Ende, das seinen Ursprung auch in Tartu hat.

Deutsche und Österreicher, die in Estland leben und arbeiten wollen, werden heute in Sprachkursen der Uni linguistisch fit gemacht für das Abenteuer einer Sprache ohne Präpositionen (aber dafür mit vierzehn Fällen). Und obschon manche Straße jenseits des Zentrums noch die Ergebnisse sowjetischer Städteplanung zeigt und auch die Altstadt noch nicht bis zur Unkenntlichkeit restauriert ist, pflegt man in der Stadt am Ufer des Flusses Emajõgi durchaus Lebensart.

Im eleganten Restaurant des Hotels »Antonius« sitzen nicht nur Touristen unter der mit Rosenmotiven geschmückten Decke, die ein gläsernes Atrium krönt. Heute wird als Vorspeise eine frische Auster mit Himbeeressig gereicht, als Hauptgang Rinderfilet mit Artischocke, Schalotten und schwarzer Knoblauchmayonnaise und als Dessert eine sündige Nougatcreme mit Amaretto-Eis. Unterdessen schlendern draußen Menschen aller Altersstufen in Richtung Rathausplatz.

Die bedrohliche demografische Entwicklung, von der in Estland viel zu hören und zu lesen ist, lässt sich dort nicht festmachen. Entweder liegt es an der durch die Universität insgesamt jungen Bevölkerung oder an der Tatsache, dass der Staat achtzehn Monate lang das Gehalt junger Mütter in der Babypause weiterzahlt – jedenfalls ist an diesem Sommerabend hier kaum jemand ohne mindestens ein Kleinkind unterwegs. So wie die beiden jungen Männer, von denen einer einen Buggy schiebt und der andere einen kleinen Jungen auf den Schultern trägt. Ein Mann im Batman-T-Shirt rennt hinter seinem radelnden Vierjährigen her, eine junge Mutter, die ihr Baby über den Rathausplatz fährt, lässt sich aus dem Café »Truffe« einen coffee to go an den Kinderwagen servieren. Auch als es anfängt zu regnen, reißt der Strom der Flanierenden nicht ab. Tartu wird noch lange nicht müde.